JN094340

女給の社会史

篠原昌人 著

芙蓉書房出版

女給の社会史　目次

第2部　時代の尖端をいく女給

序章
鬱陵島にて

平成の初め頃である。筆者は韓国で仕事があって、真夏の一週間ほどを彼の国の島で過ごした。鬱陵島（ウルルンド）という島である。韓国の東海岸沖合の島で、浦項製鉄のある浦項から船に乗って行った。この島は全体が森林におおわれており漁業が盛んである。浦項から二～三時間船に揺られて上陸した。夏の島には観光客があふれ賑わっていた。

翌朝民宿を出て何か朝食を取ろうと、同僚二～三名と連れだって船着き場近くへ行った。食堂や市場が並んでいる。とりわけ水揚げされたばかりの魚、貝の類が鮮やかだった。日本と同じく港町の風景である。喫茶店に入った。

韓国で喫茶店のことを茶房（タバン）という。字の通り茶を喫する部屋である。語感からすると古風な店舗を想像するが普通の喫茶店である。店の中はほぼ満杯でやっと三人の席を見つけた。何かを注文してしばし待つと女の子が持ってきた。客が座ってオーダーし品が運ばれてくる。ここまでは何の変哲もない。ところが女の子がテーブルの上に品物を置いた途端、異変が起きた。

彼女が筆者の隣に腰をおろしたのである。瞬間〝キョトン〟とした顔つきに筆者はなった。自分で自分の顔は見えないからわからないが、心中驚きを覚えたのだから顔が変わったのは間違いない。彼女は笑顔で言った。

「アジョシ、オディソ　オショッソヨ（お兄さん、どこからきたの？）」

店内にはウェイトレスが二、三名いたと思う。年頃の女の子を韓国語でアガシという。お客さんは大半が韓国人で、ふつう韓国人は若い女性を呼ぶ時はアガシという。筆者の隣のアガシは何故座ったのだろう。疲れていたのか。それにしてもである。普通隣に座るということは親密度が強い場合である。店内を見回すと、暇なのか他のアガシも客席に座って話をしている。この朝はキョトンという気持ちのまま店を出たが、興味も手伝って翌日も同じ店に入った。

「いらっしゃい、こちらへどうぞ」

前日とは違うアガシが来て、給仕しながら今度は同僚の隣に座った。

「いつまでいるの？」

「仕事は何？」

「あたしたちはね。浦項からきたのよ」

筆者らは片言の韓国語で友好の会話を交わした。再び同じ言葉を出すが、それにしてもである。例えば日本でたまたま喫茶店に入ったとする。ウェイトレスが隣に座るなんてことはあり得ない。いや一軒だけあるのを思い出した。あるレストランの女主人だが、それは彼女と筆者が同じ会社の同僚だったからである。相当な常連になっても、店の従業員が客の隣に座るなんてことはないだろう。

夏の鬱陵島ではこんなわけでアガシとの同席隣席を楽しんだのであった。以後今日に至るまでこんな経験はない。繰り返すが、これは平成の始め、だから一九九〇年頃の実話である。今はどうなのか知らない。

確かにあのアガシたちはウェイトレスではあった。ウェイター、ウェイトレスという言葉は現今消えたが、今から三十年以上前ならば通用しただろう。それと印象的だったのは、何と言っても席に座って客と談笑したという事実である。簡単な接待である。店から言われてそうしたのか。そうであったかもしれないが、筆者には一つの自然なサービスであったと思われる。

韓国は飲食についてはサービス精神旺盛な国で、その典型がパンチャンである。パンチャンとはおかずの意味だが、日本で言えばお通し、付きだしのことである。日本のお通し、付きだしは大抵一品である。勘定に入ってないから必要最小限なのは仕方がないが、韓国の食堂はそんなケチなことはしない。四、五品はでてくる。先ずお定まりのキムチだが、これも店によって種類がある。オイキムチ（きゅうり）、ムルキムチ（水）、チョンガクキムチ（正角）といろいろだ。正角キムチとは葉のついた大根で、昔独身男子のヘアースタイルに似ていることから名がついた。独身者をチョンガーというのはここから来ている。次にナムル（もやし）である。シグムチ（ほうれん草）、オムㇰ（韓国風オデンの一つ）、カムジャ（馬鈴薯）、ウズラの卵などである。いずれも小皿盛だがお代わり自由となっている。だから白米一品を注文すれば、パンチャンだけで簡単な食事になってしまうのである。奉仕の精神である。

思い起こせば彼女らは、女給の役割を果たしていたのではないかとふと浮かんだ。女給とはまた古い言葉を思い出したものだ。

女給は昭和の初期に全国の盛り場を占拠した風俗であった。その職場はカフェーと呼ばれた。女給とカフェーは、芸妓と料亭を凌ぐ勢いであった。カフェーで粋客の隣に侍り、洋酒を酌み交わし、あれこれ世の話題を交換し、酔人にさせて送り出す。そんな女給に客はチップという現金を奉った。「今宵会う人みな美しき」という詩の文句があるが、ある一時期の街角はそんな色合いであったと想像される。無論表裏いろいろあったであろう。その女給はもう歴史的な存在になっている。

筆者は鬱陵島での体験の記憶から、これから一挙に女給に入り込んでしまおうとしている。客に奉仕した健気(けなげ)な名も知らぬ多くの女。女給とはどう生まれ、どう拡がって、どう消えていったのか、ささやかではあるが、昭和の一時期までの変遷をたどってみたい。

第1部
女給出現と広がり

第１章 ❖ 女ボーイ誕生／帝都名妓の給仕

女ボーイ募集の奇妙な広告

明治四十四年三月二十二日と二十三日の『時事新報』に、次のような求人広告が載った。

〝被雇度　女子　年十九歳美人確実なる洋食店の女ボーイに被雇度
山の手方面又は地方にても宜し　御一報次第参上〟

これに眼を止めた読者はさほど多くはなかったに違いない。だが一部は、その中の聞き慣れない言葉に引き込まれたはずだ。〝**女ボーイ**〟である。女給仕ではない。現に二十四日の同じ欄には女給仕の求人がある。料理をする女ならば炊事女となる。女コックとは言わなかったようだ。件の広告内容は年が十九で美人と条件をつけたので、奇を衒(てら)ったのか洒落(しゃれ)たのかともみられた。雇元は記載がなく〝姓名在社　六十六番〟とあるだけであった。姓名在社とは正式の名前は『時事新報』にあるので、その六十六番を告げて問い合わせて下さい、という意味であろう。

果して女ボーイとは何をするのか。幾人かが面接に現れた。なかには言葉に惹かれて肉親同伴で面接した娘もいた。実はこの広告こそ、ボーイと称しているものの日本初の女給募集であったのである。そしてクライアントは、日本初のカフェーであったのだ。

飲食店に女子が雇われること自体は、江戸時代以来ごくごく普通のことである。

明治以来の新しい店としては三つが現れた。先ず流行り出したのが牛鍋屋であった。坪内逍遥の『当世書生気質』を読むと、中働の小碑が書生二人の注文を取り、階子段を降りながら「御新客お二人さま、鍋で御酒」と板場に伝える場面が出てくる。常連となれば、客と小碑が多少の雑談も交わすこともあったろう。「いろは」、という有名な牛鍋屋があった。洋画家木村荘八の実家である。木村は自分の店で働く女たちは、丸帯に前掛け、たすきがけで髪は銀杏返しに結った年頃の女中であったとしている。そして座持ちの談笑くらいはサービスとして許されており、女中たちは軽子さんと呼ばれていた。いろは独特の名称である。

明治二十一年四月に、上野の西黒門町に店開きをしたのが可否茶館である．可否と書いてコーヒーだ。経営は中国人でありコーヒーと牛乳を出した。コーヒー一杯一銭五厘、牛乳一杯は二銭であったという。喫茶店の原型だが、おそらく女子の一人や二人はいたに違いない。また

須肥健、出乳夥多、乳房絶好、中流以上の家庭を望む（照會牛込區辨天町四番地粟山方　松岡）

●女子　年十九歳美人確實なる洋食店の女ボーイに被雇度山の手方面又は地方にても宜しく御一報乞第參上　（姓名在社　六十六番）

『時事新報』に掲載された女ボーイ募集広告

ビアホールが登場する。こちらは明治三十二年七月のことで、恵比寿ビアホールであった。場所は京橋区南金六町というから、今日でいう銀座八丁

目である。半リットル（大瓶程度）で十五銭であった。ここには二十歳前後の女子が働いていた。

一般の牛鍋屋も可否茶館も恵比寿ビアホールも、女たちは給仕係であったろうが何と呼ばれていたのかわからない。今日振り返ってみると、『時事新報』の広告は画期的であったと言える。それは女ボーイというネーミングと、新聞広告を使って、後に女給と言われることになる女子を募集したことである

初のカフェー「プランタン」開業

特異な求人広告を出したのは、銀座にお目見えしたカフェーと呼ばれる店であった。明治四十四年三月のことであり、場所は日吉町二十番地、現在の銀座八丁目六番地あたりである。店名を、カフェー「プランタン」という。カフェー店の最初である。

この前年四十三年に、大阪西区の川口にカフェー・キサラギがオープンしたという資料がある（『女給生活の新研究』）。しかしキサラギについてはそれ以上はわからず、プランタンを第一号とするのが通説である。

仏語のプランタン（春）を開いたのは、松山省三という若い洋画家と、やはり画家仲間で花月楼という料亭の若旦那平岡権八郎であった。花月楼は日吉町の隣、竹川町にあった。開店のいきさつを松山はこう語っている。

「ミルクホールやビヤホールでは殺風景だし、待合では困る連中が多い、何処か悠々と話し込むだり、人を待ち合わせたり出来る欧羅巴のカフェーの様な所が一ッ欲しいもんだと、

我々が集まると話に出た。そして明治四十四年春三月前記の理由で我々（敢て我々と云ふ）のカフェープランタンが産れた」（「プランタン今昔」）

松山が私と言わず〃我々〃としたのは、幾人かの協力者があったからである。大きく相談に乗ったのが、劇作家として名を成す小山内薫であった。小山内はプランタンの名付け親であった。岸田劉生は柱や壁のペンキ塗りを手伝った。再び松山の回想である。

「プランタンの前身は、佃政親分の息の懸かっていた玉突場だった。二階は博打場として使われていたものらしく、六畳八畳の部屋の畳を上げると、穴が開いていて、咄嗟の逃げ口になっていたりした。（中略）建物は、当時流行のセセッションスタイルで、イギリス帰りの建築家矢部さんが改造してくれたもの。家賃は四十五円位だったろうか」

佃政親分とは、金子政吉とも政次郎ともいった佃島の初代組合長を務めた人である。漁師と博徒の二足の草鞋であった。この前の年四十三年夏には、「メイゾン鴻乃巣」という西洋料理店がオープンしている。日本橋小網町の日本橋川沿いに建てられた二階建てで、今も記念碑が建っている。五種類の酒をミックスした五色の酒が評判となり、文人や画家の他、平塚雷鳥、若き日の和辻哲郎も顔を出した。鴻乃巣の存在も松山らの頭にあったかもしれない。

求人広告の反応はどうであったか。松山は、母親と一緒に

カフェー「プランタン」

四、五人きたが給仕サービスと聞いて皆帰ってしまったと「プランタン今昔」に書いている。しかし少なくとも二人の女ボーイは採用した。それが、お鶴さんとお柳さんであった。探訪記者として有名になる松崎天民はプランタンの常連であったが、二人について印象を残している。

「お鶴は何となく上品な淋しい娘であったが、何ゝ侯爵の落胤と云はれた身も、恋に痩せて窶れて病んで、萬安の女中になってから、杳として消息を絶ってしまひました。遂には胸の病を得て、陋巷に窮死したと云ふが、本邦カフェーの女給史上には、特筆して宜しいだけの径路を辿つて居たらしく見えた。お柳は二十六七で、そばかすの多い顔も、決して美人とは云へなかつたが、何となく明敏で、色香の道では一苦労も二苦労もしたらしい女でした。そのお柳が、Yといふ某通信社の記者と出来て、散々に苦労した後、淋しく死んだと知つた時、プランタンのメンバー達は、何んなに驚きもし、悲しみもしたことでせう」(『銀座』)

松崎は貴重な記憶を残してくれた。この二人こそ、いわゆるカフェー女給の元祖であったからである。しかし二人だけでは心もとない。やがて店を積極的に応援する女たちが現れた。

プランタンに惹かれた文化人の客

松山は経営維持のために五十銭で会員を募ると、当時の洒落者が続々と入会した。岡本綺堂、永井荷風、正宗白鳥、木下杢太郎、谷崎潤一郎、吉井勇、黒田清輝、岡田三郎助、十五世市村羽左衛門、二世市川左団次といった面々が店内を占拠した。彼らは早い者は午前十一時くらいからやってくる。昼時になると次々と現れ、夕方には数組のグループができる。二階に上る欄干には、和田英作や平岡権八郎の絵を飾ってパリの雰囲気を醸し出した。

客に出すメニューはまずコーヒーである。それもイタリア人の店から特別にモカとジャバを仕入れ、一々粉を挽いて入れるという凝りようであった。酒棚には各国の酒を集め、また料理も、イタリア軍艦が持ってくるというマカロニグラタン、トマト煮をメニューに加えたため、イタリア料理店という評判もたった。

開店から半年ほど経った八月三十日の東京朝日新聞は、〝描出す貨幣不足党〟という表題で記事を載せた。貨幣不足党―カフェープランタンというわけで、筆者は松崎天民である。

「天井を白くして桃色の壁紙張り、仏蘭西の石版画三四枚を飾つた位で、何うして部屋が美しかろうぞ、各国の洋酒を並べた鏡付の酒樽のみ、正面に際立つたり」

プランタンはこの記事の後、壁に即興の落書きや似顔絵、芝居絵などを客に自由に描かせ不思議な空間を醸し出した。プランタン店内の写真が残っているが、現在でいうならばディズニーランド、ディズニーシーである。明治の文化人が惹かれたことはよく理解できる。このおとぎの国を軽快に動き回る女客がいた。新橋芸妓衆である。

カフェー「プランタン」を描いた画
（『日本耽美派の誕生』）

新橋芸妓が女ボーイに

新橋花柳界(かりゅうかい)は、毎年春に行われる東(あずま)をどりで全国的に知られている。新橋組合のホームページを見ると、花柳界の始まりは安政四年にさかのぼるという。今の銀座南端の金春新道(こんぱるしんみち)で常磐津(ときわづ)を教えていた常磐津文字和佐が、芸の高さから老中の許しを得て近在の料理屋、船宿で接待をするようになった。一介の女芸人が老中と接触できたとは、芸能界とは不思議な力があるところである。

明治となって更に新橋が発展したのは、文明の利器たる鉄道の敷設にあったと思われる。明治五年十月十四日の新橋ステーション開業である。新橋駅は京、大阪他西国との起点であり終点でもあった。だからここには時代の貴顕紳士淑女や商売人の多くが出入りした。汽車に乗らなくても見送り出迎えの人々でごったがえしただろう。自然と駅の近くに休憩慰安施設が増えだした。新橋駅(旧汐留貨物駅)と次の烏森駅(現新橋駅)近辺には、煉瓦地組合と南地組合ができた。大正の初めになって鉄道の起点は東京駅に移る。東京駅の傍にも日本橋花柳界があったが伝統の力は揺るがなかった。

こうして新橋駅を利用する人々の増大で新橋花柳界は発展していった。

昭和になって、女給に対するアンケートをまとめた本には、プランタンについてこう書かれている。

「創業当時は新橋の芸者連がお客として来てくれ乍ら、「ノン・チップ」でサーヴヰスしてくれたといふ。会員中に既に藤間静枝(巴家の芸者八重次)が其名を出してゐたことが斯る方面に関係が出来た一つの原因であろうが、発起人の平岡氏も亦お茶屋の息子であると云ふ因縁もある」（『女給生活の新研究』）

日吉町という場所は、今日で言えば銀座の南の端の八丁目で新橋との境あたりである。汐留川が流れ土橋（どばし）という橋がかかっていた（土橋の名は今日もある）。当時は日吉町、八官町、竹川町あたりは芸妓家、待合が軒を連ねていた。

ご町内に西洋風の店が出来たことで、自然と芸妓連が顔を出すようになった。新橋の五人組である栄竜、利光、小夜子、老松、静江が会員に名を連ねた。羽左衛門や左団次の伝手（つて）で、他所の花柳界からも人気者が参加した。赤坂の菊龍、翁、芳町からは久菊、五郎丸、さらに遠く吉原からは千栄子である。木村荘八という挿絵画家の絵に、カフェー・プランタンを描いた作品がある。木村は、いろは牛肉店の息子で店の常連でもあった。絵を見ると日本髪の娘が中央に二人座っており、左側の子を見るになかなかの美人とみえる。衣装から見て芸妓であろう。右側に三味線を弾いている人物がいるが、どうも男客が余興に弾いているようだ。ここからかつての雰囲気がほのかに味わえる。大阪毎日新聞の村島帰之は、カフェーを描いた本のなかでプランタンの情景を記している。

「新橋の芸妓梅勇が酔ぱらつて長田秋濤に食つてかゝつたり、洋行帰りの永井荷風が、巴家の八重次と来たり、赤坂の美妓萬龍と恋に落ちた若い法学士、恒川陽一郎が人目を忍んで食べて居たり、松永ニコニコ山人が、へゝれけで居たのも、新橋の芸妓が午前一時頃か

赤坂の芸妓萬龍
（『芸者の手紙』）

ら、よく食べに来てゐたのも、午前二時ごろまで商売してゐる時代のプランタンであつたといふ」（『カフェー：歓楽の王宮』）

芸妓たちは、ある時は仕事前の日中から、座敷がはねたその後からプランタンのドアを開いた。接待が本業である女たちである。酒に酔っていても、料理を運んだり洋酒を注いだりして客の相方を務めたことは十分想像できる。芸妓変じて女ボーイとなったわけである。

芸妓ボーイ八重次と永井荷風

芸妓ボーイの代表は巴家の八重次といってよいだろう。八重次こと内田八重（しづとも言う）は新潟古町の生まれで、東京に出て藤間勘右衛門のもとで舞踊を修業した。三十前になって新橋の花柳界に入った。遅咲きである。しかし八重次の評判は瞬く間に高くなった。美人で芸がしっかりしているうえに、気っぷ良し、飲んで良し、おまけに文学好きというインテリ性が、都の粋客を引きつけたのである。プランタンが開業してからは、誘われてここを訪れ自然とクラブ員の華となった。贔屓（ひいき）のなかにいたのが永井荷風である。荷風の随筆「矢はずぐさ」は、八重次との交情を綴った文章である。

「八重その頃明治四十三四年新橋の旗亭花月の裏手に巴家といふ看板かゝげて左棲とりてゐたり」

巴家は八重次一人の芸妓家であり自宅でもあった。煉瓦地にあった煙草屋の二階に看板を掲げた。荷風は小柄な彼女を可愛がり連れ回した。いい気になりすぎて明治末年の暮れを箱根で過ごしている時、大変な事態に遭遇してしまう。父久一郎の死である。最後を看取れず悄然とする荷風こと壮吉に対し、弟の威三郎は冷たい視線を投げかけた。以後二人は打ち解けることはなかった。

大正三年八月、二人は結婚する。大久保余丁町の永井家に来た八重次は家事に勤しんだ。それは荷風の母から見ても満足すべきものだったらしい。わずか半年の夫婦生活であったが、荷風は妻への感謝を文にしたためている。

「昨日までは兎角家を外なる楽しみのみ追い究めんとしける放蕩の児も此に漸く家居の楽を知り父なき後の家守得るやうになりけるこそ有難けれ。この一事を以てしてもわれ終生八重の恩を感銘して忘れざるべし」

荷風との結婚生活は半年程で終わった。その後も二人の往来は続くが、大正八年に八重次は芸妓を廃業した。以後一層踊りに打ち込むようになった。昭和になってから藤間静枝、そして藤蔭静枝と名乗り、新舞踊の旗手として名を残すことになる。

八重次が、アブサンの君へ送った手紙が残っている。アブサンとはリキュールの一種で蛇酒とも云われ、低くてもアルコール度六十度という激酒である。文面からみてアブサンの君とは荷風であろう。

プランタンよりのおはがきうれしく拝し候
皆様の御器用さ加減　只もうけっこうづくめにて　チトあたし達もあやかりたいものと思ひました　以来はきつと気をつけまして　明治式のちんぷをすつかり改めまして　来年はよいうれしい初春を迎へたいと　実

芸妓ボーイ八重次
（『東京下町の昭和史』）

は　くしんさんたんですの
年わすれに　お供をしたいものね
左様なら
　アブサンに酔ひし浮身や年忘れ　どうでんす〱
　　　　　　　　　　　　　　　　　　　　　　やの字
　アブサンの君へ

この手紙は艶文と云ってよいが、明治の芸妓はなかなか文才があるものだと感心してしまう。カフェーに寄りそう女ボーイの姿が想像できる。ただ、やの字と称するところは芸妓色が抜けていない。

二番目のカフェー「ライオン」

プランタンに続いて銀座に二番目のカフェーが開店した。「ライオン」である。明治四十四年八月とされる。場所は尾張町交差点の角、服部時計店（現和光ビル）の筋向かいである。築地精養軒が開いたものであった。

店にはブロンズのライオン像が飾ってあった。プランタンでは芸妓衆が給仕をしたのに対し、ライオンは三十人の女給仕を雇った。こちらも女ボーイであったようだ。しかもえり抜きの美人ばかりである。どこでどう集めたのかは不明だが、精養軒がかなりの対抗意識を燃やしたのは確かだろう。

店内の写真を見ると客にビールを注いでいる。この程度のサービスはしただろうが、このテーブルではとても侍(はべ)ることはできない。つまりライオンでは給仕に専念させたと思われる。髪型を見ると洋髪である。当時流行った二〇三高地なのであろうか。着物はどういうものかわからないが袴姿のようにみえる。そして草履ではなく靴である。食器を持って軽快に歩きまわれるからだろう。

注目すべきはエプロンである。エプロン姿の貴重な写真がここにある。白のエプロンを足元から胸まで覆って背中で紐を蝶々結びにした。後の女給の正装がここに現れている。袴に靴といえば高等女学校スタイルであり、経営者はそれを模倣したのかもしれない。プランタンとライオンは、酒場とレストランと喫茶店を兼ねたものであった。これが当時のカフェーであった。しかし女給という名称はまだない。

尾張町交差点（中央区京橋図書館）

カフェー「ライオン」（中央区京橋図書館）

地方都市にも女ボーイがいた

プランタンが出した求人は、確かに女ボーイの名を広めたには違いないが、この名称は実は地方にもあった。それは山陽鉄道岡山駅のビアホールである。岡山駅は二階建ての駅舎であったが、二階には大分スペースがあった。それを利用して地元有志がビアホールを開いたのである。明治三十三年のことだという。そのホールにうら若い女性が現れた。

「岡山の女給さんの開山は、駅のビヤホールに出現ましく〵た、草野益野さんだと云ふことになつてをる。日露戦争の酣だつた明治三十七年の秋の頃だ。無論、まだ女給といふ言葉は発明されてなくつて、女ボーイと呼むでをつた。もとより生還を期してない出征軍人のことゝて、短期間ではあつたが、美しい益野さんの注いで呉れる酒杯に、無性に歓喜雀躍、岡山駅の女ボーイと云へば、当時素晴しい話題の焦点となつたものである。（中略）さて、その次が、ビヤホールの「お輝」さん時代となる。明治四十四年、五年、汽車の上り下りには用事はなくとも、岡山駅に降りたちてお輝さんの顔を見て行かねば、この胸が治まらないと……どうして豪気な評判を響かせた「お輝」さんだつた。殊に、学生に持てた」（『岡山盛衰記』）

食堂車の女ボーイ
（『目で見る中讃・西讃の100年』）

また明治三十五年に香川県の讃岐鉄道で女ボーイが現れた。これは食堂車の給仕のことである。高松から琴平まで四〇キロ弱の路線だが、当時は速度が遅かったため食堂車も営業できたのであろう。八人の女ボーイを採用したという（『目で見る中讃・西讃の１００年』）。

プランタンの松山省三らが岡山の例に倣（なら）ったかどうかは定かではないが、女ボーイとは割合に発想しやすい名前であったかもしれない。それはボーイという名前が男子を意味するのではなく、雑用係の人間を指していたからだと思われる。雑用を女がやれば単純に女ボーイとなるわけである。『岡山盛衰記』の著者によれば、女給という言葉が口の端にのぼったのは、第一次大戦の終わり頃からではないかと推測する。そして、女給が女郎のように思われたのは昭和になってからのことで、それ以前は女給も客も比較的真面目であったと述べている。

女給小史①　明治四十四年はカフェー元年

銀座三番目のカフェーは、明治四十四年の十一月に開店した「パウリスタ」である。南鍋町（銀座六丁目）に美味なブラジルコーヒーを提供し人気を集めた。創業者はブラジル移民を先導した水野龍である。平塚雷鳥を始めとする青鞜社の会員が贔屓にした。女性客のためというわけではなかろうが、パウリスタは創業当時は男ボーイのみを採用した。飲食第一をモットーとしたのであろう。この頃には女給という名はないと前述したが、明治末年の新聞を見ると、女給仕という言い方はあったことがわかる。でも女給とは言っていない。明治四十四年三月二十三、二十四日の『時事新報』の求人欄には次のようにある。

〃女給仕　年齢十七歳以下の者一名採用す　日清汽船株式会社〃

〝女給仕　十四歳より十七歳まで二名　日本橋塗料会社〞

会社での給仕とは、来客の案内、お茶出し、書類の届けなどで普通は男であった。新しく女を雇うということで女給仕と表現したのだろう。仕事は全く同じことで、女給仕だからといって連想されるような接待はない。純然たる事務仕事である。女給仕求むの求人広告は、この頃より少しずつ見られるのである。

女性の求人で多いのは女中である。興味深いのは、女中にもいろいろあることだ。小間使というのが見られる。これだって女中ではないかと思うが、何となく簡単な家事のように想像される。ところがこれは行儀見習という、預かり娘をいう場合もある。親戚や取引先からのお嬢様を預かって、力仕事はさせず簡単な家事を教えるのが小間使なのだ。しかし求人に出す場合は下っ端女中ではないかとも思える。非常に少ないが奥女中というのがある。まさに奥向きの仕事で炊事、掃除、洗濯はしない最高級の女中様である。コック募集は男だが、女のそれとなると炊事女求むとなる。

なお、プランタンがカフェーの始まりであることは間違いないが、同じ明治四十四年に京都にもカフェーが出来た。斎藤光著『幻の「カフェー」時代』によれば、経緯は次のようである。一つは京都二条にある和菓子店舗の鎰屋である。十一月に店の二階に喫茶部を設けた。これが鎰屋カフェーと呼ばれるようになった。もう一つは京都の文教地である吉田地区に出来た。ミルクホールとして営業していたのだが、学生達はカフェーと呼ぶようになった。店名は明らかになっていないが、西洋の事情にさとい若者たちが創りあげたといえよう。

かくして明治四十四年は、日本におけるカフェー起こりの年となったのである。

第2章 ❖ 青春のミルクホール／学生街のアイドル

ミルクホールへの郷愁

ＪＲ秋葉原駅にミルクスタンドという売店がある。秋葉原駅の五番線と六番線、総武線の新宿・中野方面と千葉方面のホームにそれはある。正確には五番線がミルクスタンド、六番線はミルクショップ酪だ。二店ともミルクの名を冠するだけに、文字通り各種さまざまな牛乳が並んでいる。以前はコーヒー牛乳と言われたコーヒードリンク、フルーツ牛乳、甘酒まで置いてある。全てが瓶入りである。

かつて牛乳は、朝に各家庭の玄関先へ届けられたものだった。牛乳瓶の上に紙のフタが付いていた。それを親指で開けて飲んだ。上手く開けないとフタが牛乳の中に落ちた。今は紙フタではなくプラスチック状のフタだが、スタンドの人が開けて出してくれる。筆者はここが気に入っており、別段咽喉が渇いていなくても、ちょっと子ども時代の気分になって飲んでしまう。スタンドにはパンもある。握り飯もあるが、牛乳やコーヒーとなるとやはりパンを買う。このスタンドに立ち寄ると、なんとなく郷愁感に浸れるのである。

ということは、昔はこのような売店が鉄道駅のみならず、どこかにあったという潜在的記憶があるのだろうか。確かに筆者の生れるはるか前だが、町の一角にはパンと牛乳を座って味わうささやかな店があった。その名をミルクホールといった。

「ミルクホールは、牛乳の一杯売り所、お酒の方の縄のれんの格であります。学生相手を本位とし、汽車電車の待合などこれに次いで居ります。其の規模の大小に従ひ、数種の新聞雑誌と官報を備へおき、之を無料で見せて居るのがお定り。一合の牛乳を吸ひ新聞を見て、それで沸ひが僅か四五銭に過ぎないのでありますから、繁昌せざるを得ない訳であります」（石井研堂『独立自営営業開始案内』）

石井研堂の大正二年の本にはこのように書かれている。縄のれんの格とは、安いという意味を表したのであろう。しかしいつ頃ミルクホールなるものができたかは書かれていない。やはり同人による有名な『明治事物起原』によれば、明治六年に牛乳売掛所なるものができた。人々は売掛所へ入って、ブリキ灌に入っている牛乳を容器に入れてもらって飲んだのである。明治三十三年になってブリキがガラス瓶になった。業者としては小型化され扱いやすくなったわけである。

この売掛所はミルクホールの原型のひとつとみてよい。似たものに新聞縦覧所があった。

秋葉原駅のミルクスタンド

新聞縦覧所で牛乳を飲み、ミルクホールで新聞を読む

新聞雑誌を読ませる縦覧所というのは、明治五年頃が源だと石井研堂は言っている。明治五年十一月発行の『愛知新聞』三十二号の記事を見てみよう。

「東京浅草寺ノ奥山茶店軒ヲ並ベタル中ニ、新聞茶屋ナルアリ　数間ノ茅屋中、地上ニターフル二脚椅子十数脚ヲ排列シ、架上ニ東京横浜ヲ初メ諸府県ノ新聞紙ヲ布陳シ外題ヲ垂レテ客ノ採択ヲ待ツ」

ターフルとはテーブルである。浅草の奥山に新聞茶屋なるものがあるというのだ。浅草公園は一区から七区まであり奥山は四区であった（今日の浅草花やしきがあるところ）。大遊興地の浅草らしく茶屋の字を付けたとは色香漂うが、果して佳人でもいるのかといえば記事はこう続く。

「四十歳餘なる一婦人椅子ニ憑リ客至レバ茶ヲ供シ命ニ随テ新聞紙ヲ供ス　新聞一冊見料二厘ヨリ二厘半　茶菓五厘　閑静ニシテ開花ヲ媒ス亦妙ナリ」

遊客で騒がしい浅草のなかで、この茶屋はひっそりと静まった空間であった。

明治六年十一月十日の『郵便報知新聞』には縦覧所という名称が見られる。群馬県富岡町での開業通知である。

「去九月十九日縦覧所を開き、諸新聞紙及び其他の書籍類全て無権料にて、衆人の随意展閉をゆるすと其知己某より報知ぜり」

この場合は商売っ気抜きで、純粋に知識培養のため開いたとみられる。各戸で新聞を購読することのなかった明治初期は、縦覧所は青年の学習所であったともいえる。縦覧所は図書館の祖とされている。その後、新聞縦覧所でも牛乳を売るようになった。新聞雑誌を読むには読む

が、何か飲料があった方が寛げるという自然な発想であろう。

そうなると売掛所と縦覧所は合体していく。ここにミルクホールという新しい形態が生れることになる。日露戦争前後と思われる。

ミルクホールという命名の始まりはわからないが、そこではパンと牛乳で腹を満たすことが第一の目的となる。傍ら新聞雑誌を読む。あるいは友人と語らう場所としてミルクホールを利用することとなる。日露戦争前に、非戦論を展開したのが『平民新聞』であった。幸徳秋水、堺利彦らの社会主義を基調とした新聞である。平民新聞は日露戦争中に姿を消したが、戦後その同人が東京市内で新商売を始めた。平民舎ミルクホールという。平民社ではなく、舎としたところに治安当局の眼を意識した知恵が見られる。明治三十八年九月のことで、開業案内には次の文句が並んだ。

「九月一日より竹内氏ソーシアリズムの赤旗を押立て、赤旗を曳き廻して市内を配達すべし、乳は特質良好加藤ドクトルの分析試験を経たれば非難さるべき点更になし、五勺以上は如何なる處にても頗る敏速、神速に配達す、何卒続々御注文あらん事を乞ふ、店頭には新聞及び平民文庫は勿論其文学、美術、宗教に関する諸雑誌を陳列して縦覧に供す」(『直言』明治三十八年九月三日)

『直言』というのは平民社残党の新聞であり、一新聞がミルクホール事業に乗り出したわけである。ホールの場所はここには書いていないが、店で販売しながら配達も行ったのである。平民舎は大八車に牛乳瓶を詰め込み、チャッカリ赤旗も掲げたのだ。

同じ明治の末年頃、いつも学生で満員になる店が神田にあった。その評判記はこう記す。

「神田錦町に『先生牛乳屋』又は『奥様牛乳屋』と云へば、誰知らぬ者もなき一軒のミルクホールがある。先生牛乳屋奥様牛乳屋とは面黒い」（『実業の日本』大正二年二月号）

面白いではなく、〃面黒い〃とは筆者も初めて目にしたが、意味はやはりオモシロイと同じということだ。一種の洒落言葉と国語辞典に出ており、明治という時代は本当に面黒い。店主は紛れもなき東京帝大出の磯野理学士であり、夫人も富豪の令嬢とあって、先生と奥様という名前を頂戴したわけだ。主人が天下のエリートであるから学生がひっきりなしにやってくる。理学士自ら調合した牛乳を令嬢奥様が機嫌よく給仕する。さすがに帝大出であるだけに、一厘の釣とて必ず客には返す主義だ。学生たちも敬意を払い、「開店以来客足繁く時分時などになると、入り切れない位の混雑であるそうな」

ミルクホールの名前には大抵何々舎という風に舎の字をつけた。

ミルクホール探訪記

「是は商人や職工を相手の商売でないから是非学生官吏等の淵叢地に店を開かねばならぬ」（相馬良編『田舎人の見たる東京の商業』）

この一文は、ミルクホール開業の第一要件を述べたものである。その通り、こうした店は明治四十年頃から、主に学生街を中心に現れだした。明治、日大の神田、東大の本郷、東京高師の小石川、慶応の三田、早稲田の牛込などである。初期の店の様子は次のようである。

「何處の店にでも、表の硝子障子を開けて入って見ると、土間に白い布を掛けた食卓、其両側に椅子を列べて、都下の各新聞及び主だつた雑誌が幾種も卓上に置いてある。是等の新聞雑誌が無くば、内部の模様はビヤホールや安い西洋料理屋と、別に變つた處は無い。イヤ變らないどころか現に西洋料理を兼ねて居るのが幾らもある。麵麭に菓子珈琲紅茶は、何處のでも賣つて居る。女の給仕も居ないではないが、白粉臭いグニヤシヤラしたのは、餘り見かけないようだ。西洋料理兼業の店では、主に男の給仕を使つて居る。客種は如何かと見るに、木綿紋附若しくは絣の羽織或ひは洋服の連中ばかりで、而かもビヤホールや他の安西洋料理でよく見る様な騒々しい厭な奴は、滅多に遣つて来ないらしい」（永沢信之助編『東京の裏面』）

〝グニヤシヤラ〟とはあの時代特有の表現だと思うが、今で言えばデレデレしていることだろうか。洋服連中とは、おそらく安月給の会社人か官吏であろう。

次の記事は、大正の初めに神田今川小路のミルクホールを訪ねたものである。今川小路とは近年まで存在した、神田駅ガード脇の飲食街である。

「障子を開けて入りますと、地は五坪ばかりあり。そこへ、四尺に五尺ほどの大卓子二基、椅子十脚ばかり卓を囲んできちんと据えらる。卓子の上には、どちらにも、三四種の新聞紙、やゝ位置を乱してあり、一卓の上には、杉としゆろ竹との盆栽二種、どちらも径一尺ばかりの鉢なり。一卓の上には、大硝子瓶五個あり、何れもワッフル、カステーラなどの

明治のミルクホール
（『東京の裏面』）

ケーキ属を納れてありました」

この障子とは硝子障子のドアのことである。次に探訪者は注文する。

「編者は、牛乳一合と、バタ付パンとを注文しました。例の手つきの珈琲碗を皿にのせ、角砂糖一個とニツケル匙を添へ、パンは、半斤を二斤に割り、それを炙つて、其の間にバタを塗り、更に之を四つに包丁を入れ、ホークと共に皿に盛りて出しました」（前掲『独立自営営業開始案内』）

牛乳とトーストを注文したわけだが、牛乳はガラス瓶ではなくコーヒーカップに入れて出てきた。角砂糖とはなつかしい。念を入れているのはトーストである。

小まめに切ってホークまで付いてきた。これで十銭、もし玉子入り牛乳となると八銭である。ワッフルとあるが、ベルギー菓子のワッフルであるのか、それに似た菓子であるのかわからない。でも意外に古くからあったことがわかる。この中身は普通はジャムだが、三田のミルクホールは高級でクリームだったという。ジャムはジャミとも言われ、当時はジャミパンであった。給仕は、十四ばかりの女子一人である。

ミルクホールは総じていたって簡素な造作であり、茶菓の安さから云っても学生向けにできていたと言える。新聞雑誌に加えて官報を置くのが普通であった。これは法律業の客向けというよりも、まさに学生向けであった。官報には高等学校や大学合格者の名簿が載ったからである。そして、どこでも給仕をするのが素朴な子女であった。前垂れ姿か襷（たすき）がけである。赤ん坊を背中におぶった少女もいた。

ミルクホールの給仕娘は女給の芽生え

ミルクホールは大正に入って急速に増えた。当然学生客も増えたわけだが、彼らの目的は給仕娘と話を交わすことにあった。一杯四、五銭の牛乳、コーヒーを味わいながら、娘と一言二言交わすのが楽しみとなった。彼女らを当時何と呼んだのだろうか。大抵が十代である。白粉を塗った女ではなかった。特別な呼称はなかったろう。名前を呼んだか、姉(ねえ)やとでも言ったか。純情学生にとっては淡いガールフレンドであった。お互いが〝鬼も十八　番茶も出花〟といったところである。給仕娘はいわば女給の芽生えである。お互い美男美女というわけではないが、青春の真っ只中である。

大正時代の半ばに、慶応で学生生活を送った奥野信太郎（中国文学者）は、ミルクホールの思い出を語っている。奥野が出入りした店は柳橋にあった。

「このミルクホールは母親と娘と二人でやつている店であつた。娘はおくみちやんといつて、十九になる色のちよつと浅黒い、鼻筋のとほつた小粋な女であつた。常磐津の稽古にゆくとき以外は、いつも店でテーブルを拭いたり、食器を洗つたり、まめまめしくはたらいてゐた。用のないときは黙つて編物をしてゐた」（『随筆東京』）

この短い文章だけで店内の模様、おくみちゃんの姿が浮かび上がってくる。〝まめまめしく〟という形容は最早しないが、ある時代の女の動きを表している。奥野は、彼女はきりっとした、すがすがしい気分の娘であったとも書いており、都会の空気に馴染んだ女であったのだ。

「今から考えるとおくみちやんもわたくしに好意をもつてゐてくれたらしい筋がいろいろあつた。わたくしのために頼みもしないのに靴下を編んでくれたことがあつた。それから誰も相客のゐないときに『あたし慶応の学生さんが好きなのよ』と少しばかり恥ずかしさうにしてわたくしにいつたことがあつた。しかし意気地のないわたくしは、もうそれだけですつかり顔が赫くなつてしまつて、いよいよすくんでしまふばかりであつた」

彼女は関東大震災で行方不明になってしまった。奥野はこの下町娘を忘れることなく、「わたくしの胸のうちにおくみちゃんは永遠に若々しく微笑んでいる」と綴っている。おそらく大正時代の多くの学生が、ミルクホールの姉やを覚えているのではあるまいか。ちょっとしたアイドルだったのだ。

コミュニケーションを媒介する一杯の茶

粗末な椅子に座って牛乳を飲み、パンやカステラを食べるというのは単純な楽しみである。単純だが空腹を満たすという意味では重要だ。そして新聞、雑誌、官報に眼を通す。初めは軽い飲食という意味があった。友人仲間と連れだって来れば共通の話題を語り合う。そこへ給仕娘が口をはさむ。若い男女間で何気ない話となる。次第に対話の場所としてミルクホールが機能してくるようになる。それは、プランタンやライオンでも同じではないかと思われる。けれどカフェーでは洋食やアルコールが出るし、それこそ美人

昭和のミルクホール
（『浅草横丁』）

給仕が居て、対話というよりも接待という雰囲気が濃い。ミルクホールのお客は懐のさみしい学生が主だ。客が素朴なら娘も素朴である。

その素朴さには独特の味わいがあったと思われる。味わいとは、コーヒーや紅茶を飲むことから醸し出されるものだと言ってよい。そこから社交の第一歩が生れる。昭和の初めに流行した「東京行進曲」の歌詞に、〃シネマ見ましょか　お茶のみましょか〃とある。シネマを見て咽喉が渇いたからお茶を飲むのではない。お茶を媒介にして話しましょうということである。喫茶とは文字では茶を飲む意味だが、単にのどを潤すだけではない新しい文化の源流が、ミルクホールにあったと筆者には思えるのだ。ひとつの文化が素朴な店から生れたわけである。一杯の茶が、コミュニケーションを媒介するのだ。

大正時代に東京市でどれだけのミルクホールがあったかを見ると、大正十五年十月で七十七軒である（『神田区史』）。当時は十五区制であったから、単純計算では一区に五軒ほどとなる。事実、大正十年頃の東京月島と佃島には五軒の店があった。学生街ではもっと多かった筈で、神田、本郷あたりでは相当目立ったと思われる。昭和になるとミルクホールはお洒落な喫茶店にとって変わられ、給仕する娘は喫茶店ガールと呼ばれるようになった。

シベリアという菓子

銀座生まれの江戸っ子文学者池田弥三郎に、『わが町　銀座』という本がある。その中に、銀座のミルクホール愛朋舎を描写した一篇があって、次のように書かれている。大震災後の大正末期である。

「テーブルの上には、ガラスの、蓋のある高つきのようなケースがあって、その中には、ドーナツやワッフルや、それから、シベリアという菓子がはいっていた」

愛朋舎には、弟をおぶった小女が流行歌を歌いながら給仕をしていた。即断はできないが、シベリアという食品はミルクホールで売られ始めたと推測できる。

この菓子はカステラと羊羹の組み合わせである。三角形にカットした二枚のカステラの間に羊羹が挟まっている。名前の由来については、シベリアの凍土を連想させるとか、挟まった羊羹がアムール川のようだからとか、諸説あってはっきりしない。カステラはポルトガル人がもたらしたもので、羊羹は日本のものだから和洋折衷菓子と言えよう。学生向けの手頃な菓子だったのだろう。

シベリアは現在も時折見かける。過日スーパーで買ったのは長方形型で、パンと中身はこしあんを挟んだものだった。あんサンドである。似ているものにあんパンがある。これもパンという外来にあんという和種を組み合わせたものだ。

池田は愛朋舎の他、銀座には耕牧舎、北陽舎があったと書いている。それに明治の平民舎と連想していくうちに筆者が浮かんだのは、北海道大学の有名な寮歌「都ぞ弥生」である。歌詞のなかに、♪羊群声なく牧舎に帰り♪とあった。ミルクホールの名前に何々舎が多いのは、この牧舎の舎を採ったものだと気づいた。

今も売られている菓子「シベリア」

ミルクホール桃乳舎

令和の現在、東京都内にただ一軒残ったミルクホールがあった。〃ただ一軒〃というのは、何々舎という名前を付けているという意味である。それは日本橋小網町で営業する「桃乳舎」である。実態は洋食屋さんとなっている。

開業は明治三十七年と聞いた。現在の二階建て建物は昭和六年につくられたという。入口はガラス障子の引き戸である。古きミルクホールの入口そのものである。普通入口は二間程度とされるが、ちょうどそのくらいである。店内はテーブル十席ほどで、いくつかの新聞も置いてあるのは縦覧所の名残であろうか。

メニューには各種洋食が並ぶ。何よりうれしいのは、一番高いエビフライでも七百円という安さであることだ。奥にカウンターもしつらえてある。かつてはシベリアが入ったガラス箱でも置いたのかもしれない。カウンターにはあらかじめ小銭が置いてあり、ここがレジの役目を果たしている。

筆者はこの近くに二年ほど事務室を借りていた。平成二十八、九年頃である。それで昼食時に、文化財ともいうべき桃乳舎を利用した。その頃は何故このような店名なのかわからなかっ

令和まで続いたミルクホール「桃乳舎」

た。コックはご主人、奥さんが給仕を担当、その後娘さんも給仕、会計を〝まめまめしく〟手伝うようになった。

桃乳舎は令和五年の初めに店を閉じた。

大正時代に入っても女ボーイという名は残っていた。実は、眼を他方に移すと女給がいたのである。そこは活動舘である。

女給小史②

ミルクホールの女主人本荘幽蘭

ささやかなミルクホール史のなかで、一人だけ名を残す女給仕がいる。世上では妖婦とも呼ばれた女である。その名は本荘幽蘭（ほんじょうゆうらん）、明治十一年佐賀県生まれ。まずは自己紹介を願おう。

「私は日本最初の婦人記者だったのですが、四十九年前豹変して女優となり再転して講談師となり、今まで四十九年の間、学校、婦人会、養老院、母子寮、病院、工場、鉱山、炭鉱などを巡講して居ます。旗揚げしたのは二十八歳の春、東京神田の川竹亭、其後大阪三遊派に加入、曽呂利竹山人、紋彌、若遊三、残月、福三、春團次、それにその当時腕を切られて人気ものとなった妻吉などと一座しました」（『講談研究』昭和二十八年九月号）

文中の妻吉とは、後に福祉活動家として知られた大石順教尼である。幽蘭は明治三十九年に女講談師となり、その後大陸大連でホテルを開業したが、上手くいかなくなり帰国、「暫く須磨の海浜にミルクホールの女主人となっての後、昨春漂然として十年振りに入京した」（『大国民』明治四十四年二月号）。昨春とはこの記事が出る前年だとすると明治四十三年春である。

そして東京で何をまずやったかというと、神田にまたミルクホールを開いたのである。妖婦の名を奉られた所以は、十数回の結婚、八十余人とされた男関係のためである。しかも相手の名を克明に手帳に残していた。これを幽蘭錦蘭帖という。相手の男にとっては名誉というべきか、とんだ恥さらしというべきか両様だが、錦蘭帖は妖婦の名に相応しいメモである。残存していないのが惜しい。

加えて、記者に始まってさまざまな職業を変える奔放性である。この点では猛女、怪女である。だから単なるミルクホールの女主人ではないのだ。彼女の店の評判記は伝わっていない。おそらく女講談師、女落語家となって学生客を喜ばせたであろう。繁盛は間違いなかったと想像される。しかしミルクホールは長く続けなかった。ひとつの場所に留まる女ではない。本荘幽蘭の姿は瞬く間に神田から消えた。

第3章 ❖ 女給の始まり／活動館の華

活動館（映画館）の案内娘が「女給」の始まり

〝さあさ、人気絶頂ジゴマの上映だよ、花のパリかロンドンか、月が鳴いたかホトトギス、果して怪盗ジゴマお縄にかかるや否や、入ったり入ったり〟

浅草六区の金竜館前では呼び込み衆が声をからしていた。呼び込みの男に釣られるようにして、一人が木戸銭を払って活動館に入った。たちまち、「お一人様、御あんなあーい」という黄色い声。すると可愛い娘が出てきて、こちらへどうぞ、と客の手を取って席まで導いた。娘が戻ってくると今度は、「お二人様、一等席御あんなあーい」の声。

「これはこれは御前様、奥様ようこそ」と恭しく礼をした娘は静々と二階席まで案内した。そして、「本日の出し物でございます」と、演目一覧を渡す。「いつも御苦労さまね、女給さん」と言いながら、婦人は娘に紙包を握らせた。

明治の終わり頃、どこの活動館、つまり映画館ではこのような一コマがみられた。映画は初

カフェーの女
（『都新聞』）

期には活動写真と呼ばれ、次第に観客を集めるようになった。『ジゴマ』というのはフランス映画で、子供から大人まで大変な人気を博した。盗賊が主人公というのが当局の眼に障り、大正初めに上映禁止となってしまった。女客が女給さんと呼んだのは、別に筆者の筆がすべったわけではない。**案内娘のことを初期の活動館では女給**と呼んだのである。

「浅草の各活動常設館を始め、市内に散在する連鎖劇場には孰れも女の案内人が雇はれて居る。之を一トロに女給と称するのである。年齢は十五六歳から廿五六歳まで、而して二三年も勤めた者で二十四五歳の者は、女給の取締となるのである」（大森春圃『至富成功東京生活』）

この書は大正五年の発行であり、活動館の案内娘は女給という職業名で呼ばれていたことを記している。劇場も同様だが、歌舞伎座、帝国劇場といった一流どころでは案内人、ガイドとも称した。連鎖劇というのは、芝居のなかに適当に映像を組み込ませるものである。近年、時折この連鎖劇がリバイバル公演されているらしい。明治から大正時代を通じて案内役の娘たちは女給であった。公的な職業紹介にも載っている。

「女給と云ふものゝ中にもカフェーの女給と多少趣きを異にしたものに、劇場及び活動常設館の女給がある。劇場のものは之を案内人と云ひ又は女給と云ふ。活動常設館のものは普通一般に活動女給と云はれてゐる様である」（「職業紹介広報」）

これは大正十五年三月に中央職業紹介所が出した公報である。ここにはカフェー女給がみられるが、次に述べるように活動館の方が古いのである。

明治末に出現したカフェーには、前述したように女ボーイが現れて給仕をしたり客の話し相手になった。大正三年元日の『都新聞』には短いカフェーの記事が掲載されている。内容は、プランタン、ライオン、鴻乃巣三店で働く女の紹介だが、女給という言葉はない。ただ、カフェーの女、と書かれているだけである。また大正五年十月十一日の『読売新聞』には、「親孝行の女給仕」という記事が載っている。父親が病気のため食堂で働いている娘を取り上げたものだが、こちらは女給仕である。

他方、活動写真館ではどうか。『活動写真雑誌』という大正時代の映画雑誌がある。その大正九年八月号には、女給は明治三十九年に浅草三友館で雇ったものが最初であると記している。活動館にはすでに女給が現れていたのである。実に活動館の女案内人こそ女給という名の始めだったのである。

女ボーイは給仕をしたり客の話相手になる。女給は入場客を席に案内、誘導する。仕事の中身は違うが、共通するのは客商売ということであり、一種のサービスということだ。

彼女たちはどんな仕事をしたのか

日本最初の映画上映は「活動写真」と銘打って、明治二十六年の春に東京神田の錦旗館で興行された（明治三十年三月という説もある）。最初は歌舞伎座で開かれる予定だったが、九代目團十郎が猛反対して場所替えとなった。活動写真という名称は、幕臣出身の大新聞記者である福地桜痴がつけたとされる。何を映したかは不明だが、十八日間連日大入り満員で、ある日は客の重さで二階が崩れた。初期は外国の風景、人物を上映したらしく、海岸の大波が画面に表れると客はこぞって逃げ出したという。また小樽や大阪でのことだが、入りきれない客が道を埋め尽くし沿道の商店が壊れるという災難も生じた。

映画専門の小舎である常設館は、浅草の電気館が最初であった。明治三十六年十月である。西洋風二階建てで椅子席であった。電気館では初めて女子従業員を採用した。これにはひと悶着があった。それまでの活動館の前には、これ見よがしに彫りを入れた男がふんぞりかえっていた。雇い人ではあるが無頼漢である。呼び込みや下足番をしていた。入口がこうでは子供や女客は入ってこない。電気館を開いたのは、後に日活社長となる横田永之助という男である。

横田は活動館を新しくしようと考えた。それには若い女子を雇うことである。しかしそうな

浅草の電気館（『写真にみる昭和浅草傳』）

ると男たちを追い出さねばならない。彼らは、浅草の火消し侠客として名高い新門辰五郎の一家に属していた。当然猛反発にぶつかった横田は、直接辰五郎（二代目）に掛け合った。

「浅草は明るくなくっちゃなりません。女の採用ではあなたの女房でも娘さんでもいいんです。日当は出しますから是非ご協力を」

横田はこれまでフィルムを持って全国を廻っており、土地の顔役との交渉には慣れていた。辰五郎は快諾して無事女子の面々が電気館を飾ることになったのである。新門一家の女たちもおそらく採用されたであろう。となると明治三十九年の三友館の例と食い違うが、これは両説ありとしておこう。要は活動館に女の職場ができたということである。電気館の御披露目は『ロンドンの大火』であった。

明治四十年以後、浅草には富士館、大幸館、金竜館と続々オープンした。皆、若い女子を採用した。

では彼女らはどんな仕事をふられたのか。活動館に入ってみることにしよう。

まず窓口で木戸銭を受け取って切符を売る女子がいる。札売りとも云った。入口を入ると下足番がいる。これは男の役目で、あの頃は靴を脱いで上履きで入場したのだ。大正になって開店する三越デパートも初期は同じであった。下足札を受け取ると、次の女子がいて切符の半分を切り取る。モギリである。札取りともいう。いわば改札だ。モギリは入場者数を確かめる意味もあり、法律によって義務づけられていた。脱税防止のためである。モギリ女が「ご案内〜」と言うと、ご案内役の女子がお出ましとなり、客を席まで連れていくことになる。つまり「売り子、モギリ、ご案内」と三つあるのだ。

この切符売りについては独特の言葉があった。テケツである。

テケツとは何か。意味を解するのには時間を要した。何かの隠語かと思ったところ、チケットのことだったのである。口に出してみれば、いかにも英単語の日本語読みである。死語を通り越して〝古墳語〟である。テケツは上映前に、館主からそれこそテケツを渡されて売り場に座る。この役目は案外難しい。しっかりと勘定ができなくてはならない。モギリの数よりも売り上げが少ないと、自分で弁済しなくてはならないのだ。だからどの館でも計算に強い娘を置いた。

テケツ（『鳥平漫畫』）

テケツ売り場は最初は顔が見えないようになっていたが、やがて戸は取り除かれた。可愛い娘を座らせて客を誘うという営業方針である。モギリも一見単純のようだが用心が必要だ。馴染みとか言ってただで入ろうとする輩がいるからである。そして三番目としてご案内役、即ち女給さんが客の手を引いて席に座らせるわけである。三者を全て「女給」という場合もあったが、主役は案内女給であった。

案内女給の仕事

冒頭で引用した『至富成功　東京生活』は、「仕事と云つては切符を買つて這入つて来る客を席へ案内する手引役をする丈けで、別に六ヶしいことも骨の折れることもないのである」と、女給の仕事を紹介している。

ところが文面通りにはいかないのが実情であった。彼女らは客の手を取って中に案内するのだが、それは場内が薄暗いからである。どうもある時までは、活動館の中は上映前から暗かったらしい。電力が充分で無いためか、それとも最初から照明はなかったのかわからないが、女給の手引きが無いとどこに座っていいのかまごつくわけである。

女給は二十歳前後の娘が多く、そうなると客の中には娘の手を握って離さなかったり、無理に上等の席に上げてくれるよう無理強いする者もいる。そうした客を適当にあしらって、手際よく客を誘導するわけである。

各活動館には十人ほどの案内女給がいた。テケツと同じく美形の娘を雇ったというが、それには経営者の思惑（おもわく）があったのである。彼女らに香水の付いたハンカチを持たせ、その手で客を案内させるという方法を採った。柔らかい手と香りに誰しもウットリとなる。忘れられない手を握りたくて何度も通う若い者も出てくる。自然と心付け、いわゆるチップも渡されるというわけだ。

この章の最初に描写した婦人客は金持ちのご常連である。上演番組が変わる毎に必ず顔を出す上客である。迎える案内役の方も特別に美形の娘が充てられる。こうなっていくと評判を取る子もでてくる。電気館の丸山スミ子は、大正時代に中学生の人気の的であった。帝国館の三橋嬢は、人気弁士の生駒雷遊と恋仲になったが捨てられた。ハイカラお千代という名も残っている。

女給達は日給制であった。大正の初期から中期にかけて、浅草では三十五銭であったという。

月一回の休日で、月収は十円程度ということになる。これを補うのがチップであるが、いつでももらえるわけではない。そこで彼女らが期待するのが蕎麦代である。

凄腕女給の満員詰め込みテクニック

蕎麦代とは臨時収入である。どこの活動館でも利益の出る予想客数というものがあり、それを超えると従業員にもお裾分けがあるわけだ。大した額ではないが、これで蕎麦でも食ってくれという意味であろう。蕎麦代をもらうためにはどうすればよいか。大入り満員にすることだ。満員とは定員数に達したということである。しかし満員以上にすることが肝要なのである。そこに女給の腕がかかっていた。

大正の頃でも映画館には定員が定められていた。錦輝館の二階が崩れたというのは、創生期には定員がなかったためであろう。映画の普及によって活動館には定員が決められた。例えば一〇〇〇人定員の活動館があるとする。一〇〇〇人入ったら満員の札が出るはずである。ところが経営者はすぐには出さないのだ。さらに呼び込んだ客を女給たちが器用に詰め込むのである。詰め込むとはどういうことか。

初期の常設館は一人一席ではなく、五人掛け十人掛けの木製の長椅子であったようだ。一種のベンチでありロハ台である。実際館内は満員であるから混雑ぶりは一通りではない。そんな中を新たな客の手を握って、「お詰めください、お詰めください」と整理するわけである。こういう場合、わかっていて進んで協力するのは職人衆だという。反対に動かないのが学生とインテリ人士だそうだ。不思議な詰め方があって、男女を組み合わせるのだという。男五人のなかに女を二人入れるのがコツというわけで、こうすると定員一〇〇〇人が一二〇〇〜一三〇〇人になるという。女客が入ると男は協力するという心理を利用するらしい。

こうしたことは慣れた女給の腕であって、経験の浅い娘では定員にも満たない。九〇〇人が精々である。つまり経営側としては、極力満員札を出さないでひたすら女給の技術に頼ることになるのだ。彼女らも蕎麦代稼ぎのため腕を振るうわけである。かくして蕎麦代にありつける。

映画館の満員詰め込みテクニックの一つは、子供の扱いである。筆者が小学校時代の記憶だ。昭和三十年代の終わりだから当然椅子席である。椅子が全部座っていても子供（精々小学生まで）は入場できた。当然料金は取る。どうするかというと、子供らを舞台に上げてねかせるのである。仰向けにねて見ろというわけだ。これで筆者は『モスラ』や八岐大蛇（やまたのおろち）の出てくる映画を見た。映画館をボロ劇と皆呼んだ。案内女給がいたかどうかは覚えがない。

案内女給の素顔

『活動之世界』という映画雑誌がある。この中に浅草の女給のスケッチが載っており、なかなか面白い。時は大正五年から七年までの間である。
三友館　切符売場の女給さんが、長い間座つて居て、足が痛くなつて、狭い切符売場で、大きな練馬大根のやうな足を、ウントのばして、顔をシカメて居たのは、よかった。
富士館　お梅さんという女給さんは、今年もう二十六歳、子供も二人居る。亭主さんが病気で、ねて居て困るので遠い品川から、毎日浅草へ通つて居るのである。御案内とよんで、愛嬌をふりまいて居るのだが何だか哀れに寂しい感じがする。

宮戸座　ここの女給さんは、義太夫がお上手、常磐津もお上手、暇さへあれば、二三人寄つて、チテトンと口三味線にあはせて、お稽古とは末頼母しい。

三友館　女給服で一番綺麗なのは三友館、外の館がイヤに六かしい気取つたものを選んで居るに対して之は鮮紅色に、似付いた紫の襟、すっきりとして厭味がない、荒々しくてモ感じがいゝ。

キネマ倶楽部　いらつしやいこちらへと歯切のいゝ声で、快活にお客さんを案内して居るお巻さんという女給さん、何うしたものか、一寸暇になると、すぐ隅のほの暗いところへ行つて仲間の一人に、あの方は、どうしたのでせうと小さい声で話して居る。

錦輝館　お金さんといふ女給さんが、特等席の二三人連の毛唐さんの前へ行つて、切符をどうぞと御丁寧に手を出す。その優しい腕を見詰めて、鼻に皺を寄せて、フゝンと笑ひ、そしてそろ〳〵ポケットの中から切符を出す。

これを読むと当時の活動館の様子が浮かびあがる。テケツ売り場が椅子ではなく畳敷きであったらしいこと、各館とも女給には制服があったこと、キネマ倶楽部の女給には馴染み客があるらしいことである。特等席に外人が来たのは、自分の国の映画であろうか。また宮戸座というのは古くからの小劇場として名高く、連鎖劇場でもあった。大正半ばには浅草に二百人ほど

宮戸座（『写真にみる昭和浅草傳』）

の案内女給がいたという。

吉岡鳥平という大正時代に人気があった漫画家がいる。その吉岡が、活動館女給の一日という題で寸評している。摘記してみよう。

朝の出勤　眠い壮りの女の子、加ふるに終日労働の疲労があるので、開館三十分前に出勤の事と張り出した注意書きも無残や励行されず、遅刻する者数知れずとある。入口に頑張つた事務員、常日頃「握手させないか」なんかとカラカツて居る天罰は覿面「オイ君公、もう十時だぜ、昨日もぢやないか、毎日遅刻してどうするんだ。今夜から早く寝ろ、不良少女めッ」と目玉を光らして見たところで、馬鹿の國の住人富樫の左ア公、関守の睨みはカラツキシ利かず、何所吹く風とばかり「済みません、へへん」と誤魔化されるのはまだ良い方、口の減らないのになると「フン、どうせね美代ちやんのやうには出来ないワ、昨夜だつて何處へ行ったか知つてますよ。ビビーッだ」

化粧　案内は女給溜り、札取は入口、札売は檻の中と、各自の部署についてからお化粧を始める。由来、女が鏡に向かつた以上は、御飯が焦げ付こうが、俄雨で干物が濡れやうが、亭主が急病でヒツクリ返らうとも、一切我関せず焉、いとも泰然自若と鼻の頭を眺めて動かざるものとしてある。

テケツ　女給を分ちてテケツ、モギリ、ガイドの三種となす。なんて今更通がるにも及ばないが、テケツ即ち札売り場の女給は各館第一流の美人を以て命じ、看板なるが故に白粉代が館主から特別に出るんださう。某館で試しに第一の美人と、美人ならざる女とに交代で入場券を売らせて見たら、タツタ一時間で売り高に三十何圓の差が生じたと云ふから物凄い。札賣ばかりを覗いて廻はる馬鹿もあつて、美人に魅されてフラ〳〵と飛び込むんだとは大笑ひの終點。

居眠り　鬼でも可愛い十七八の若い姉ちゃんを、朝の九時半から夜の十一時迄、急に暗がりに飛び込んでウロウロする俄か盲目の手を引いて「詰めて下さい。この腰掛は五人掛ですから」と顔面筋肉を運転させたり、「日本橋の米林さあん」と咽笛を振動させたり。是が人間だからこそ良けれ、玩具だつたら既ッくの昔毀れ了つたと思ふやうな筋肉労働だから堪らない、九時頃になると女給溜りや、隅の方に身体をぐッたりさせてグウグウグウ、先刻の地震はどうしたのと云ふ有様。

蕎麦代（『鳥平漫畫』）

蕎麦代　「皆お出でよ、大入り袋だつてサ」と一人が注進すると、居眠りをして居た者迄がガバリと跳ね起きて急ぎ足、ドヤ〳〵目の色佳變へて事務所へ押寄せ、顔をニコつかせながら袋の中を覗き覗き戻つて来る。「幾何有る、リヤンだろ」「あ、二の字だよ」と一人一人金高を尋ね廻つて居る女も有れば「濱ちゃん、昨夜のお汁粉屋は二十銭だつたね、そら返すよ」と割前の借金を袋ごと渡して居る女も有る」

跡掃除　目的の映畫も最後に近付いて来ると、今迄眠さうに呆然して居た女給諸嬢は俄かに元気づいて着物を着替え、厚塗りの白粉を落して平常の薄化粧、たすき掛けの尻端甲斐々々しく、箒や塵取りを持出して閉館後のお掃除に取りかゝる「今日は大急ぎで片けませうネ」「さうさう、あの人が藤棚の下で待つて居る筈だから」「あら仰有いよ、自分こそ早く行きたい癖に」なんかと閉場を待ちかねた気の早いのが「御免なさい、御免なさい」と如露で水を撒き始める。見物は驚いて「ヤイヤイ、足に掛かるぢやねえか、閉場てから撒けやい」と叱りつけても「でも埃が立つと衛生上有害ですから」と平気で撒いて居る。

（『鳥平漫畫　お目出度い群』）

女給の歌

大正の半ば頃、活動館の彼女らは一種の華であったらしい。それは〝女給の歌〟という詩によく表れている。

喧騒と喧騒の中に立つ白亜の常設館内に
うごめく　可憐の　女給よ！
お〻女給!!
悲しき　其のメロデイよ

女十八
桃割か鹿の子の振袖か
油浸めるエプロンと重たきスカート
あわれ　優しき錯誤かな

おゝ親しき我が日の本の女給達よ
万能の神に祈り捧げて我は
汝の幸福と健康の新緑を祝ふも

（『活動写真雑誌』）

昭和七年に出た『職業婦人を志す人のために』を見ると、女給という名称はバーやカフェー、食堂に限られている。劇場、映画館の職業婦人は案内人である。大正の世に活動館女給を詠った詩は、昭和になってカフェーの「女給の唄」という歌謡曲に変わった。

女給小史③　汽船の女給仕、鉄道の女ボーイ

大正二年九月六日の『山陽新報』には、「汽船の女給仕」という記事が載っている。浅川美津子という女性が、瀬戸内海航路に従事しているという内容だ。仕事は主に女客、子供の世話で、船の女中といった役どころである。この浅川という給仕さんは、十五の年で日本郵船のアメリカ航路に初乗船し、欧州航路も含めて八年間の海上生活を送った。

大正三年三月九日の『神戸又新日報』は、大連と台湾航路の女給仕について報道している。この航路は大阪商船であろう。一隻に一名ずつで全員既婚者だという。仕事はやはり婦人客の世話であるが、暴風の時は自分の苦痛に堪えて客の介抱をせねばならない。しかし一航海に客から受ける心付けが少ない時でも二十円ほどあり、これに月給があるのだから、女の職業としては好い収入だとしている。

ライバル会社に刺激を受けたか、日本郵船でも採用を始めた。ただしこれは昭和になってからで、正確な月日は不明だが、何と二〇〇名を募集するというものであった。女給仕と言わず

女給である。見習い期間でも月収六十円は確実で、本採用になれば八十円になると宣伝したようである。

海の影響は陸にも及んだ。明治時代に列車に女ボーイが現れたが、彼女らの仕事は飲食の給仕であった。大正時代になると仕事の内容が広くなる。大正七年四月六日の『万朝報』によると、東京と大阪の銀行家が連名で鉄道院へ女ボーイ採用を出願した。列車には車掌の他に、物品購買や荷物運搬をするボーイが乗務していた。一両に一名がいたという。二十歳前の男子である。これに加えて女ボーイを雇って女性客の世話をしようというわけである。妊娠や生理、それに子供の世話といった特有のケアーをするものである。彼女らの名称は列車ガールというのが一般的だった。戦後の特急つばめ、はとには、つばめガール、はとガールが乗車した。

第4章 ❖ 女工の転身／カフェー女給

南葛亀戸の工場で働く女工堀としを

一つの天変地異が日本人の生活を大きく変えた。

大正十二年の関東大震災は、関東地域のみならず新日本の幕開けを促した。人々は帯をほどいて洋服に着替えた。洋服で草履は不釣り合いだから、男は革靴、女はヒール靴を履いた。家屋には洋間が表れ、ちゃぶ台の代わりに食卓という名のテーブル、椅子が置かれた。料理や風呂焚きにガス利用が広まった。そして、盛り場にはカフェーが次々と店開きするようになったのである。カフェーの女は変化の波を浴びて、活動女給と同じく女給と呼ばれるようになる。

明治以来、女の職業の代表は工場の女工であった。ある一女工は、糸繰り機械から手を離し酒持つ手の方に鞍替えした。

〃此處を脱け出す翼がほしや　せめてむこうの陸までも〃
〃糸は切れ役わしやつなぎ役　そばの部長さん睨み役〃
〃工場は地獄よ主任が鬼で　廻る運転火の車〃

これらは紡績工場での女子労働者、女工と呼ばれた女たちの恨み節である。女工の労働実態を明らかにした『女工哀史』のなかで、著者の細井和喜蔵は各工場での唄をこのように紹介している。明治末から大正時代に口ずさまれたものであろう。

いずれも過酷な日常が端的に表現されている。和喜蔵は病魔に侵されながら『女工哀史』を書き上げて二十八歳という若さで逝った。そのあとには女工の妻が残された。堀としをという。としをは南葛(なんかつ)亀戸の工場で女工として働き和喜蔵の執筆を助けた。大正九年五月二日には日本初のメーデーが開催された。次第次第に労働者の組織化が進んでいく。無産政党ができあがる。そんな大正時代の末期はカフェーが続々と生れた時でもあった。としをは、その新しい職業である女給も体験することになる。

南葛亀戸と書いたが、亀戸はよろしいとして、今や南葛はどこなのかわかるまい。正式に書くと南葛飾郡となる。明治四十年の最新東京全図を見ると、現在の足立区小菅方面から向島、平井、亀戸、大島あたりとなる。すぐ西側は本所区、深川区であり、区と郡の境は横十間川であった。今でもこの川を境界として、東は城東警察署、西は深川警察署と分かれている。

南葛飾郡という名称が消えたのは、昭和七年に東京市の区域拡大があり、新しく城東区が出来た時である。この改正で、明治以来の東京十五区は三十五区までに広がった。大東京市の誕生である。

でもナンカツという言葉の響きは後々まで人々の記憶に残ったようである。それはこの地帯が東京の工場地帯であり、ことに大正期から労働運動の一大中心地となっていたからである。その運動の過程で、関東大震災の時には指導者達が殺される亀戸事件が起こった。官憲による社会主義者弾圧であった。亀戸と云えば今では藤の名所として知られるが、近代史では陰惨な事件を刻む土地なのである。細井和喜蔵、としをの夫婦（未入籍）は、亀戸の工場で男工女工として働いていた。

隅田川をはるか東に超えた南葛飾郡亀戸村、吾嬬村には明治後期から各種工場が建てられ始めた。細民と称される貧困層が多く住むこの辺りは、土地代が安く立地条件がよかったのであろう。そうした工場群の代表が、明治二十九年に設立された東京モスリン紡織会社であった。明治三十三年発行の『日本の名勝』にも載せられており、次のように紹介されている。

「資金は一百万円にして、建物は東京南葛飾郡吾嬬村にあり、煉瓦石造の工場、倉庫、瓦斯室等三棟、木造の事務所、工務所、病院、職工寄宿舎、賄所、晒場其他十六棟、合計十九棟の廈屋を有し、坪数四千三百坪に亘り、技師、事務員二十余名、職工一千五百四十余人を使役す」

当時としては大工場といってよかろう。このモスリンというのはフランス語から来ている。羊毛や綿を原料にした薄地の織物を総称した生地だが、メリヤスとも言ったらしい。昭和二十年以前までは広く流通した。職工一千五百四十余人のうち多くは女工であった。

東京モスリン亀戸工場の「女工哀史」

堀としを、という名前を聞くと男かと思われる十八歳の女工が、品川ステーションに降り立ったのは大正八年四月であった。堀は岐阜県揖斐川町の生まれで大垣で繊維女工をしていたが、東京に憧れ、所持金三十六円で汽車に飛び乗ったのである。としをは、前職の経験から人づてに聞いた亀戸に足を向けた。後の著作『わたしの「女工哀史」』に、その時の情景が書かれている。

「そこには小さな川が流れて、まっ黒でした。私は東京ともなれば水の色まで田舎とちがうとびっくりし、川の流れにさからって歩いて行くと、川の左がわに大きな工場が立ちならび、一番はじめの工場が東洋モスリン、次が花王石鹸、その次が東京モスリンでした。川の右がわには水野のゴム工場が見えていました」

幼い頃から口が達者だった堀は、労務課の事務員を口説き落とし、東京モスリンの女工として雇われた。同社工場はこの頃事業拡大で職工数も増え、工員数は四七〇〇余名で内四〇〇〇名以上が女工であった。女工寄宿舎の部屋は二十畳敷で、ここに昼夜交代で四〇名が起居した。部屋名だけは、松の何号、竹の何号というように旅館を連想させる雰囲気があった。勤務時間は十二時間というから相当の重労働である。一人で織機を四台持って月四〇〜五〇円、年末には一時金込で一〇五円が出たという。

翌九年四月、京都から細井和喜蔵が上京し東京モスリンへ入った。和喜蔵は丹後縮緬の機械工であった。二人が同棲を始めたのは大正十一年からであった。としをの言葉を借りれば友情結婚であった。

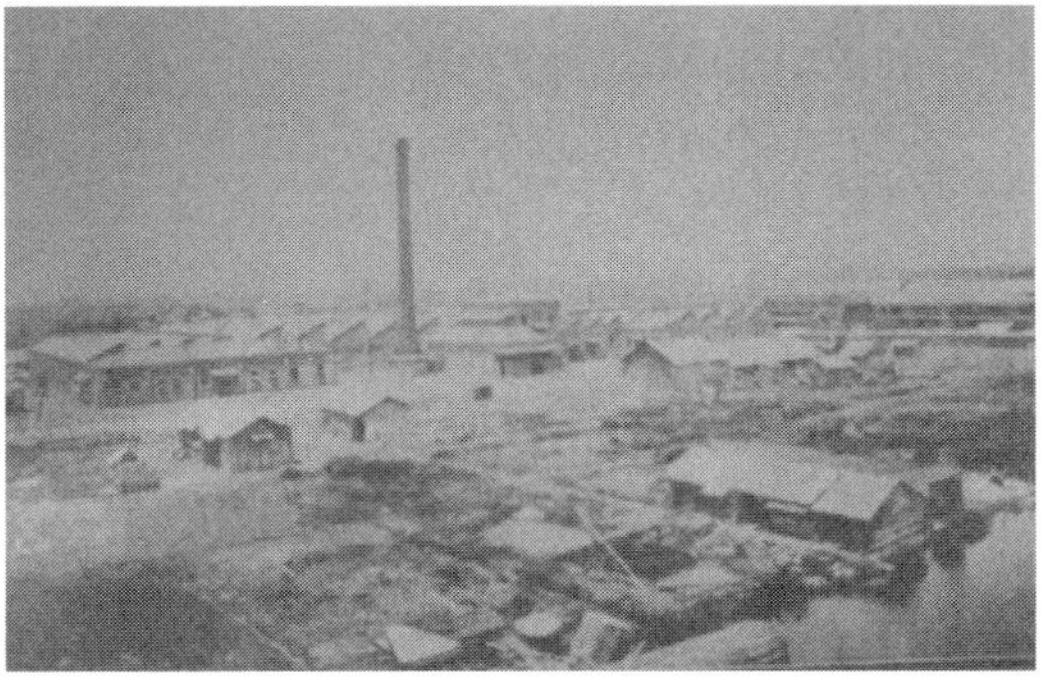

東京モスリン亀戸工場（『日本之名勝』）

としをは故郷での女工経験と、呑み込みの早さからか腕は良かったようである。模範女工であった。しかし日常の生活は自由ではなかった。女工小唄の一つは次のように歌う。

〃籠の鳥より監獄よりも　寄宿ずまひはなほ辛い〃

女工たちは十二時間労働で疲れた体を寄宿舎へと運んでくる。さて気晴らしに汁粉屋へでも行きましょうかとなるが、これが誰でもというわけにはいかないのである。外出は成績の良い者に限るという工場が少なからずあった。

その外出にしても門券なるものがあり、何時出門、何時帰舎と守衛が記入する。寄宿舎内では、女工が読む雑誌、書籍にも眼を光らせる。現に東京モスリン亀戸工場では、一女工が『婦人公論』を読んでいたところ、生意気だと言って取り上げた。工場で酷使され寄宿舎では手足を縛られているわけである。

こうした待遇に抗議して、東京モスリン労働組合が結成された。子供の時から人前で喋ることが得意なとしをは積極的に活動した。和喜蔵も当然参加したが、会社は報復であるのか男の方を首にしたのである。

二人の住まいは亀戸の炭屋の二階であった。男は職なしとなり、だから新婚家庭の稼ぎは新妻のか弱い肩にのしかかった。加えて和喜蔵は体が思わしくなく、としをには更に重圧が加わった。としをは健気に働いた。おそらく夜業もしたに違いない。しかし十二年の関東大震災が打撃となった。打撃は何より東京モスリンの工場を破壊してしまったのである。女の方も職を失った。としをは新たな職を探さねばならなくなった。

場末女給への転身

和喜蔵ととしをは亀戸を引き払い、としをの従兄が住んでいた目黒に引っ越したところ、ある職を勧められた。

「それでたちまち米代にも困り、目黒の私のいとこの家へ相談に行きました。そしたらいとこの嫁さんいわく、『としちゃん、働くところはなにも紡績ばかりじゃないわよ。あんたは若いのだからカフェーに行けばなんとか食うに困ることはないと思うよ。着物は私がつごうしてあげる』といって、村山大島の着物とメリンスの花もようの帯を買ってくれました」（『わたしの「女工哀史」』）

としをの行った先は、亀戸から近い本所緑町のカフェーみどりであった。大正十三年の初めであった。

この年の九月、銀座尾張町にカフェー「タイガー」が開店した。タイガーの出現は、昭和になって花開くカフェー黄金時代の始まりと言ってよい。明治のプランタンは文化の香りで優雅さを誇ったが、タイガーは豪華さ、サービスで客を惹き付けた。永井荷風が足繁く通った店である。

こうした盛り場のカフェーに対して、東京市内といっても場末にあるカフェーがある。本所は隅田川を超えた川向うであったから、としをの店は場末のカフェーであった。如何にも場末よろしくテーブルは三つだけ、女給は彼女を入れて二人しかいなかった。美人女給三十有余名のタイガーと比べれば、お運び女という名前の方が相応しい。何千名もの工場で働いてきた身としては、全く拍子抜けであったろう。

としをと和喜蔵（『読売新聞』）

だがこんな店にも客は来る。勘のいい彼女はすぐ仕事を覚えた。としをは二十三なのに小柄だったせいか十八にみられ、一週間で十五円のチップを手にした。細井和喜蔵の小説に『女給』がある。これは妻としをの口から出たカフェーの有様を綴ったものだ。ほぼ実話とみてよい。以下は、『女給』による場末女給の実態である。

店の看板（終業時間）は、あって無いようなものだった。客が酔っぱらって粘ればいやでも付き合わねばならない。やっと相手が帰った冬の真夜中だった。早く表通りに出ようと足を急がせていると、男が後からつけてくる。気味が悪いので小走りになると、後ろの男もそれに合わせる。走ってやっと表通りに出て振り切ったが、店の客だったかどうかはわからなかった。

ことの顚末を和喜蔵に告げると、翌晩から迎えに来るようになった。みどりの入口で待っているのである。昭和三十～四十年代、キャバレーの裏口で子供を背負いながら女房を待つ男の光景そのものである。カフェーでは、客足が遠のくを恐れて良人（おっと）やヒモのいる女給を嫌う。みどりも例外ではなく、和喜蔵の姿が主人の目に止まり、一言でクビになった。

次の店は、みどりから遠くない本所石原町にあった。みどりもそうであったが、川向うの場末店だから金持ち人種というのは滅多に来ない。大工、建具屋、三文文士などが常連で、接待する方もされる方も無産階級ということになる。

ある夜、としをは出前を頼まれた。工場まで酒と料理をという頼みである。しかも、としをに持って来てもらいたいというのだ。工場の二階に三人の男がいた。店の常連である。品物を置いて帰ろうとすると、彼女を座らせて酌をさせるのである。女給仕事だから店ではサービスをする。しかし個室同然の部屋で男に囲まれたのは初めてだ。そのうち二人は座を外した。暫くして一人が姿を現すと一人はいなくなる。また最後の一人がやってきて交代する。その間、としをは一人で順番に三人の接待をしたわけである。

こんなことが二度三度続くうち、としをは不安になり主人に相談した。ところが、主人の返答は「女給だから固いことは言わないこと」であった。出前接待がこの店の裏営業だと悟った途端、彼女は店を辞めた。

三番目は向島である。南葛の女はよくよく川向うに縁があるらしい。テーブル二つの小さな店に女給が三人いた。店の様子は一緒である。

「ボーイさん、カツ一枚とビール一本」

「ハーイ、カツ一丁、ビール一本」

としをの応対ぶりをみていた主人は、客の帰った後そのボーイ、つまり彼女を叱りつけた。

「客が一本といっても三本ぐらい持っていって飲ませるんだよ。カツと言われてももっと上等なビフテキを食べなさいよと言って食わせなきゃ、それがお前の腕なんだよ」

ここにはカフェーのやり方が明瞭に示されている。場末だからこういうやり方を採るのではない。高級の店でも経営者の頭のなかは同じであった。いわば積極策だったが、正義感の強いとしをからすれば阿漕（あこぎ）な押しつけであった。こんな店に誰がいてやるもんか、と捨てセリフを残して三度目のカフェーを去った。

こんな流れ流れの生活が一年ほど続いた。和喜蔵は衰弱していく体と反対に、猛烈な意欲で女工の実態を書き続けていた。としをは夫の体を労わるべく、勤務時間がはっきりしている五反田の星製薬に勤めた。ＳＦ作家星新一の父君が創めた会社である。仕事は製品の包装であったが、ここでは女給ではなく従業員と呼ばれた。紡績女工とは全く違う新鮮な日々を送った。

大正十三年になって和喜蔵は、「女工哀史」と題した記事を雑誌『改造』に連載した。翌年七月、和喜蔵の著作は『女工哀史』という表題で改造社から出版された。細井和喜蔵の名を不朽にした著作である。ところが翌大正十四年八月になって細井は病死してしまう。二十八歳であった。お腹には子を宿していたとしをだったが、その子も生後七日で命絶えた。改造社からは印税が入ったが絶望の毎日であった。

そして翌年になってある新聞記事が載る。それは、〃細井和喜蔵氏未亡人ご乱行〃という見だしで、としをが男と遊び歩いているという内容であった。男というのははっきりしないが、当時の彼女が破れかぶれで印税を浪費していたことは事実であった。『女工哀史』は洛陽の紙価を高めたが、〃細井和喜蔵の妻〃は悪役に落ちてしまったのである。

としをは一から出直すべく、またカフェーの門を叩いた。すでに二十五になっていた。女給の年からすれば年増である。それでもと募集の貼紙を見れば勇を振るって飛び込んだ。ところが片っ端から拒絶である。その理由が新聞記事であった。まことに世間とは皮肉にできている。カフェーでさえ、こんな女は使えないと門前払いなのである。なかには女工の実態が暴かれたため、今度は女給の暗黒面が明らかにされるのではという不安もあったらしい。としをはその後高井信太郎と正式に結婚し、昭和の末期まで一女性労働者として生きた。

「女給」が新しい職名に

大正十一年七月から八月にかけて、京都では新聞社主催の「カフェー女給人気投票」なる催しがあった。内容は読んで字の如しだが、新聞社の企画になるくらい、京都ではカフェーは増えていたことになる。女ボーイの人気投票ではなく、〝女給〟の人気投票である。

この頃よりカフェーでは、〝女給〟という名称が使われ出したものと推測される。女ボーイ以来、カフェーを含めた西洋料理店で給仕する女性の名称にはいくつかあった。女給仕或は給仕女、カフェーの女、ウェイトレス、小女（こおんな）、である。それに、女給が加わったことになる。一体どこから女給という言葉は出てきたのか。

大正十二年七月に『現代生活職業の研究』という職業案内書が出ている。そのなかに「料理店バー女給」という項目があり、次のように書かれている。

「其の仕事は普通料理店の女中と略々同一ではあるが「女給」と云ふ特別名称に依つて頗る増加しつつあるは西洋料理店、バー、喫茶店等に於ける給仕女である」

女給を〝特別名称〟としているのだ。この書による限り、女給という名前は、女給仕又は給仕女を略したものではないことがわかる。新しい職名だと解されよう。つまり、**女ボーイは女給と変わったのだ。**

大庭柯公という特異な新聞記者にして評論家がいる。革命後のソ連でスパイ罪のため刑死したといわれている人物である。大庭は社会評論にも筆を振るいカフェーについて次のように述べている。

「殆ど憲法的に、イナ寧ろ国際規約的に、カフェーの給仕人は男と定まってゐるのを、何時の間にやら女給仕を常則とすることにした東京のカフェーは、時代語の一つに「女給」といふ言葉をさへ造り出した」（「カフェー」）

女給は**時代語**だというのである。大庭は的確に鋭く一つの風俗を捉えたといえよう。街角に新しい職業女が現れたのである。また大庭が解説するように、外国のカフェーでは男が給仕をするのが常識であった。女が給仕をする日本のカフェーは独特だということもできる。

『女工哀史』について

「凡そ紡績工場くらい長時間労働を強いる處はない」

『女工哀史』の冒頭部分で和喜蔵はかく断言している。当時の勤務時間は十一時間から十二時間だが、夜業というのが加わるのが往々にしてあった。これを「よなび」と呼んだ。よなびまではいかずとも残業があった。工場では通常、九時、十二時、三時前後の十五分を休憩時間としている。しかし持ち場を離れるわけにはいかない。その十五分に織機の点検、掃除をしなければならないからだ。だから休めないことになる。休憩時間とは文字上のことで有名無実なのである。

こうした長時間労働は、機械以前の手工業時代にはなかった。機械が導入された資本主義に入って始まったのだとする。和喜蔵は京都、大阪、東京の紡績会社で、身を以て十数年の職工体験をした。彼は一介の工員にとどまらず、工場の実態を鋭く観る眼を持っていた。文筆の才もあり、各工場での細々とした記録も保存していた。その集大成が『女工哀史』であり、友情結婚の相手である堀としをの協力が少なからずあった。

本のなかで堀としをの給料明細書がでてくる。給料四十円二十銭となっている。この額は『わたしの「女工哀史」』と表面上は合致している。しかしこれ全てが手取りになるわけではない。積立金という名目で十二円が引かれる。立替金月賦で八円が引かれる。実家への送金が五円である。賄料が四円である。何と二十九円が引かれて十一円となってしまった。

ところがまだあるのだ。寄宿舎の部屋貯金なるものがあり、結局としが手にしたのは九円にしかならなかった。国許への送金は親達を安心させる会社の策であり強制であった。これは説明がつこう。しかし積立金をどうするのかははっきりしない。もし会社なり寄宿舎での娯楽のためだとするなら実態とはかけ離れていた。

女工の外出が自由でなかったことは堀の著書にも触れられているが、細井の本ではさらに詳しく記されている。外出は成績優秀な者に限られるが、それでも月に一度くらいだという。もし遅れて帰った場合は一ヶ月は外出できない。これを門止めという。何らかの事情で外泊してしまったとしよう。こうなると本人のみならず部屋の者全員が門止めとなる。近

支給高内訳		取立高内訳	
給料	金四十円二十銭	借認金	金一円八十銭
勤続割増賞	金〇円〇銭	積立金	金十二円七銭
夜勤手当	金〇円八十四銭	立替金月賦償却	金八円〇銭
	金　円　銭	共済会費	金〇円二十二銭
		賄料	金四円八十銭
		送金	金五円〇銭

としをの給料明細書(『女工哀史』)

所で祭りや夜店が出る時は女工全員が門止めである。娯楽はないのである。だから積立金とは、会社側の、言ってみれば蕎麦代のようなものだと思われる。労働者のではなく経営者側の蕎麦代である。

女工の使命は、糸一本、布一枚でも多く作ることであった。そのため一から十まで生産に全力を傾けさせられた。夏になると報奨制度を採る会社があった。普段でも作業場は暑いうえに、夏となると暑さは倍化して生産量が落ちる。これを防止するために目標を作り、一等、二等、三等というように分けた。一等にはいくら、二等、三等にはいくら出すというボーナスである。腕のいい女工なら当然達成者がでてくる。複数あった場合は全員に報奨金が出ると思うであろう。ところが会社もさるもの、抽選で一名に与えるというのである。細井和喜蔵は叩きつけるように書いている。

「模範女工へ！　模範女工へ！　彼女達の最大成功はこれなのである。また鐘紡中津支店へ行くと永年その暴虐に盲従して死んだ女工の碑が建っている。さうしてそれが同工場全体のしめしであつて、『女工道』の典型と祀りあげられて居る」

第5章 ❖ 女流作家台頭／女給体験さまざま

大正時代は新進女流作家が登場した時代でもあった。その先鞭を点けたのは吉屋信子であったろう。

大正五年から『少女画報』に連載された「花物語」は、蕗谷紅児の挿絵とともに絶大な人気を誇った。吉屋信子は明治二十九年生まれで、明治三十年宇野千代、明治三十二年中条（宮本）百合子、三十六年には林芙美子、翌三十七年に佐多稲子、三十八年平林たい子、四十年矢田津世子という具合に生まれている。

これらのうち四人が、売れないひと時を女給として過ごした。女流作家の登竜職というわけでもなかろうが、当時盛り場に増えつつあったカフェーの扉を開けたのである。それは社会探訪といった意味ではなく、何よりも生活のためであった。だから女給体験が、作家としての涵養に役立ったかどうかはわからない。ただ題材を得るには役立ったであろう。また社会の断片を覗き見たことは事実であった。

林　芙美子

カフェーの詩

〝――その夜
カフヱーの卓子の上に
盛花のような顔が泣いた
何のその
樹の上にカラスが鳴かうとて
――一夜は辛い
両手に盛られた
わたしの顔は
みどり色のお白粉に疲れ
十二時の針をひつぱつていた〟

この詩は、芙美子が横浜のカフェー・エトランゼにいた情景をうたったものとなっている(『放浪記』昭和十二年版)。しかし年譜等を見る限り、横浜のカフェーで芙美子が働いた記述はない。横浜というのは創作であろう。昭和五年に出た最初の『放浪記』には次のような件(くだり)がある。

「――女給入用――のビラの出てゐさうなカフェーを次から次へ野良犬のやうに尋ねて……只食ふ為に、何よりもかによりも私の胃の腑は何か固形物を欲しがつてゐた。あゝどんなにしても食はなければならない。街中が美味しさうな食物ぢあないか！」

そして雇われたのが神田のカフェーであった。大正十三年の春、芙美子は本郷にある南天堂という書店兼レストランを度々訪ねた。そこはアナキスト詩人の溜り場であった。南天堂で詩人と交わりながら、神田の店で生活費を稼いだのである。このカフェーについては、神田小川町とも錦町とも云われるが詳しいことはわかっていない。

芙美子は大正十一年春に広島県の尾道高等女学校を卒業した。女学校時代から文学に目覚めていた芙美子は、交際していた青年を追って上京した。この時から〝放浪時代〟が始まる。放浪の歳月は、作家近松秋江宅の女中、セルロイド工場の女工や株屋の店員、それに露天商をしながら、詩や童話を書いて雑誌に投稿した。南天堂に出入りしていた時、友人の女流詩人と「二人」という同人誌を出した。このなかで、おシャカ様というユニークな詩を書いてアナキスト達を感心させている。芙美子は声がよく、詩の朗読が上手かった。

上京した娘を追って母親も東京にでてきた。母子二人は東京を転々とするが、そんな一つに新宿旭町がある。旭町は貧民街、ドヤ（安宿）として有名な場所であった。今日の新宿高島屋の真向かい一帯である。宿銭一泊三十銭から三十五銭といわれた。旭町を描いた小説にはこう出ている。

「試みに諸君が、布袋屋百貨店の六階から

カフェーの女給時代の林芙美子
（新宿歴史博物館）

エレベエタアに乗って、頭を六階に忘れたような気持ちで、すうッと、下降して、第一階で吐き出され、出口でバットを買い―布袋屋には顧客吸収策として、バットは常に在る―バット燻らし乍ら、ふらふらと二三十歩、真直ぐ歩いたところに、いやに牛飯くさく、間口ばかり綺麗な一泊三十銭の簡易旅館が並列し、どら焼きのおかみが屋台超しに、向いに張っている屋台店のお婆さんと縄張り根性でにらみ合い、子供が綿菓子をなめ乍ら、パチンコに夢中になり、カタンとマッチ箱のような家の裏木戸が開いたと思うと、中からボロどてらの婆さんが、ふらふらと出て、脱脂綿とかもじが泥まぶれで浮んでいる溝へ、じゃあッと、白昼、小便をする……」（有松英一『新宿の裏・旭町』）

旭町には、日本のゴッホと云われた洋画家の長谷川利行が、昭和の初め頃に時折泊まっていた。天城画廊の店主は長谷川の天才を見抜き、旭町のドヤに彼をカンヅメにして絵を描かせた。

カフェー・金の星の女給お弓

芙美子の本格的な女給勤めは、大正十四年から十五年にかけてであった。新宿二丁目の遊郭前にあるカフェー・金の星である（平林たい子の回想では「鶴や」となっている）。カフェー生活の日々については、戦後になって三部作となった『放浪記』に出ている。

初出勤の日、金の星に顔を出してから銭湯に行った。湯に入るのは久しぶりだったらしい。女給がたくさんいた。三助が忙しく女たちの背中を流して肩を叩いている。さて名前をどうしようかと考える。暖かい湯につかりながら、先ずは淀君かと浮かぶ。それとも趣向を変えて、蝙蝠（こうもり）のお安さんというのも面白い。結局、「どんどん大師の弓ともじって、弓子さんという名にする。弓は固くてせめてもの慰めだ。はっしと的を射てください」となる。

店の女給は三人であった。小さなカフェーである。デビュー日には二円のチップがあった。相手はわけのわからない客だった。それでも〝大慶至極〟と素直に感謝した。帰りには卓子を拭き椅子の脚を拭く。ドアの真鍮も水でみがく。芙美子は帰路、夜店の古本を見て回った。そして二円のチップのうち、チエホフとトルストイの回想記を五十銭で買うのである。

金の星は、今日の新宿三丁目で寄席の末広亭あたりだったらしい。二丁目遊郭の隣だったので店は繁昌していた。八月の暑い日、芙美子は女給部屋で朋輩からせがまれた。「ちょっとーラヴレーターって、どんな書出しがいいの」という相談である。なにしろ芙美子は高女卒のインテリ女給だ。喜んでみんなの代筆をしてやる。

サガレン（樺太）から来たお由、板橋で夫とその妾と暮らすお君、それに、お俊さん、お秋さん。お弓こと芙美子の、客からの評判はかなりよかった。背丈こそ一五〇センチそこそこの小柄であったが、なんといっても声がいい。詩の朗読をやると客が聞き惚れた。加えて文学の素養があるから話が面白いのである。美人女給よりはるかにチップを取ったという。

ある時はトルコ人の男が五人やってきた。一人が風琴（アコーディオン）を弾いて芙美子も混じって騒いだ。けれど彼女の胸の内はいつも作家への情熱で燃え上っていた。そんな気持を、三部作として完成したなかでこう表現している。

「何とかして、このイソップが明日の糧になりますように。あの編集者の咽喉もとを締めつけてやってください。パイプを咥えて気取って、二時間も、あの暗い狭い玄関に待たされる。下手くそな、自分の童話を巻頭に乗せて威張っているようなあの編集者をこらしめ

て下さい」（『放浪記』平成二十六年）

林芙美子という作家は、女給生活の体験から労働者の地位向上とか、社会正義の実現とかいう政治目標を立てたわけではなかった。そういう意味での思想性は稀薄であった。芙美子の希望は母への孝行であり作家としての大成であった。その過程に女給があった。放浪した文学娘の転機は、昭和四年の夏に思いがけなく改造社の一社員が芙美子を訪れたことであった。この年十月の『改造』に、「九州炭坑街放浪記」が載った。『放浪記』ブームの始まりであった。

平林たい子

没落地主の娘が社会運動へ積極的に参加

林芙美子と形影相伴うが如き下積み時代を送ったのが、平林たい子であった。家は地主であったが、たい子が生れた時は零落して小さな雑貨屋をやっていた。たい子は商売を手伝い、十二歳で大福帳、集金、棚卸しを任せられた。数字には明るかったようである。だがこの少女の関心は商売ではなく文学であった。村祭りに出す芝居の脚本を書いて上演したのは、やはり十二歳の時であった。

首席で長野県の諏訪高等女学校に入学し、卒業したのが芙美子と同じ大正十一年春である。これより前、卒業の前年にたい子は諏訪郡で開かれたある講演を聞きに行った。友愛会の鈴木文治らの講演である。内容は女工の労働実態であったらしい。友愛会とは労使協調団体である。朝日新聞記者出身の鈴木文治が作り上げた。講演に感動したたい子は何かをせねばならないと思ったのであろう、大胆な行動に出た。関西の修学旅行に参加する振りをして、何と級友と連れだって東京に向かったのである。一度手紙を出したことのある、社会主義者の堺利彦に会うためだった。結局は新宿駅で見つかり連れもどされる。十六歳にして驚くべき行動力を見せつけた一挙であった。

こんな娘に父親は何か才能を感じたのであろうか、卒業後改めて上り列車の座席に座った我が娘にこう言葉をかけた。

「たとえ女賊になるにしても、一流の女賊になるんだぞ」

たい子は十七歳、その目は涙に濡れていた。

たい子は東京中央電話局の交換手に採用された。すでに新潮社の「文章倶楽部」に三等入選を果たしており、職も得て滑り出しは順調であったと言えよう。ところがせっかくの電話局は、一ヶ月と経たないうちにクビとなってしまう。理由は職場の電話を私的に使ったからというものであった。こんなことで解雇とは厳しすぎると思うが、架けた相手が社会主義者の堺利彦だったことが災いした。それでも十五円の退職金をもらった。

失業したたい子は、職探しよりも赤瀾会（せきらんかい）、早稲田暁民会という団体に顔を出すようになる。赤瀾会とは女だけの社会主義団体で、中心は弁護士の久津見房子、社会主義運動家の山川菊栄、利彦の娘堺真柄らである。早稲田暁民会は、早大生であった高津正

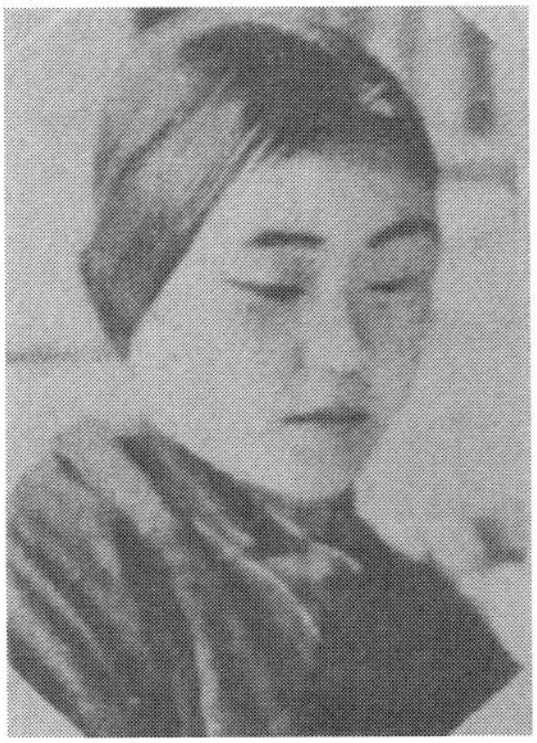

平林たい子（『近代日本婦人文芸女流作家群像』）

道が組織したもので日本共産党の源流と言われている。

誰からの誘いでこうした会合に出るようになったのかは不明だ。類は友を呼んだというしかない。おそらくたい子の目の前に現れた面々は、綺羅星（きらぼし）のようであったに違いない。真柄とは後に同居生活を送っている。社会運動への積極的な参加という点で、平林たい子は林芙美子と異なっていた。何も彼女は作家を捨てて運動家になろうとしたわけではない。しかし運動を通じて、運動の精神を文学の上に表そうというのがたい子の心であったようだ。

やがて彼女の前に山本虎三というアナキストが現れる。お定まりの同棲となるが、歌の文句にあるように、〝これが苦労のはじめでしょうか〟と相成る。たい子は大正十二年のメーデーに参加し、山本と一緒にアジビラを撒いた。

怪しげなリャク屋稼業

関東大震災前の一時期、たい子は特殊な職業に就いたことがある。厳密には職業とは言えないが、それはリャク屋と呼ばれるものであった。

『自伝・回想・日記』にはこのやり方が書かれている。リャクとは略奪、略取のそれこそリャクである。金持ちの財産は労働者から搾り取ったものであるから、略奪して当然だという言い草である。奪うといっても強盗や窃盗ではない。いかめしい風体で尤もらしい名刺を差し出し、雑誌購入を強要し押し売りをする。現代にもないわけではないが、当時はアナキストや社会主義者の一部が生活資金を得るために使った。

たい子は積極的にリャク屋になったわけではない。ある女リャク屋の後ろについて、手法の一部始終を見ていたのである。女の名は金子文子という。後に夫の朴烈とともに大逆罪で無期となった女である。皮の破れた古靴を履いて色の褪せた古袴といういでたちの文子は、たい子についてこいと促すと、銀座のある商店に入り受付にこう告げた。手には朝鮮人参の包を抱えていた。

「『人参を買って下さい』と文子氏は唾を飛ばす様に言った。私はそのうしろで青くなったり赤くなったりして、もじもじし、しかし一心に見習うつもリで突立っていた。宝石店の表から人参を売りに来た女―店員達は呆れ、青くさえなって奥へ入って行った。するとと奥から金鎖をさし渡したかなり上役らしいのが葉巻をくわえながら出て来た。相手も慣れたもので『人参いらんよ』と突離す様に断った。『何？　いらないって？　私を誰だと思ってるんだい？』

文子氏はそんな言葉で言って『不逞鮮人』という雑誌を包の中から出しかけた」（『自伝・回想・日記』）

この一喝で、相手は紙幣二枚を出したのである。おそらく十円札であったろう。文子はリャク屋のなかでも顔だった。こうした手法を学んだ彼女はリャクの味を覚えたらしい。しかし大震災後にリャク屋の取り締まりがあり、自然とこの商売とは足を洗った。

金子文子像
（『金子文子獄中日記』）

高円寺のカフェーの女給に

たい子がカフェーの女給となったのは、大正十四年の一月である。経歴の一つに加えようという単純な動機だった。杉並の高円寺にある鈴蘭という店であった（店名は自伝小説『砂漠の花』による）。

香しい名前だが実権はコックが握っており、いかにして客に多く飲ませるか食わせるかという、現金巻き上げ方式だった。この点は、堀としをの場末カフェーと一緒であった。高円寺はまだ東京市ではなく豊多摩郡であった。コックはたい子に告げた。

「君の化粧は地味だ。白粉を濃くつけて派手にしなきゃあ。それに毎日風呂に入って週に一度は床屋に行って、とにかくもっと濃厚にすることだ」

たい子は、何とか工夫すると適当な返事をする。元よりそんなサービス精神は無いのだ。ある一人の酔っ払い客がやってきて、盛んに食べきれないほどの料理を注文した。金は持っているとわかったコックは、女給らに益々注文させろと煽った。余りのあくどさに彼女はあきれてしまった。そして適当なところで客を帰した。たちまちコックがやってきて山盛の料理皿を炊事場に運んだ。朋輩女給も持てるだけの皿を抱えて女給部屋に持っていく。コックは翌日使えそうなものを選び残り物は女たちの取り分なのだ。

たい子が眼を見張ったのは女給たちの皿の持ち方である。肘のところに一皿を載せ、指を使って三皿、片方の手に二皿と合計六皿を運んでいるのだ。真似してみたがとてもできない。女給だって修練は必要なことを知った。後片付けを終えるとコックはたい子を呼んだ。

「君の対応はどうも暗くていけない。お客の気分が沈んでしまう。まるで学校の先生だ」

ほどなくしてクビを言い渡された。

林芙美子を知ったのはこの頃である。夜遅く彼女の下宿を訪ねると、髪を後ろへ垂らした芙美子が現れた。「二階の段の上で見た時には、恐しく美人に見えたが、おりて来て見るとそう美人でもなかった」というのが正直な第一印象である。

やがて二人は世田谷の太子堂町に住む。林芙美子は野村吉哉という詩人と同棲中で、たい子にも飯田徳太郎という男がついていた。壺井繁治、栄夫妻が近所にいた。

芙美子が新宿の金の星に勤めると、たい子も後を追って隣のカフェーに勤めた。たい子の客あしらいは、芙美子とは逆に下手だったようである。社会運動家の一面を持つ彼女にとって、男の機嫌をとること自体が馬鹿ばかしいのだ。

そういう女給に限って貧乏くさい贔屓客がつく。したがってチップも少ない。これを補う一つの方法があった。勘定と言われて客から紙幣を受け取り計算台で釣り銭を取る。勘定が六円で十円紙幣をもらったとしよう。釣りの四円を持って客のテーブルへ行く間に、一円か二円抜き取ってしまうのだ。本当は六円なのに、計算違いで七円乃至は八円でございましたと告げるわけだ。ただしこれは鷹揚な客にしか通用しない。計算係との示し合わせも必要だ。後年、平林たい子は青春時代を次のように語っている。

「その頃本郷辺には、愉快な芸術家たちが割拠して、夢を

林芙美子が住んだ太子堂の家
（新宿歴史博物館）

たのしんでいた。友達の下宿を一と晩づつ泊り歩いて、友達の食膳のものを半分わけてもらって、それでくらしの立っている人もある。

家からの送金でも、本などでも殆んど皆の共有だった。だから、一銭なしでも煙草にありつき、何とか食いつなぎ、服や外套は、三人に一着位で間に合っている」(「人生無常」)

佐多　稲子

無学歴者が社会問題に目覚める

「十九歳から廿一歳までの丸善に勤めていた三年間も、生活の不如意と疲労で、遂いには生きているということの意味が分からなくなって、勤めに通う朝の道でも、死ぬことばかり考えていたようなことだった」(『驢馬』の人たちと」)

青春の日々をこう回想する佐多稲子(当時は田島イネ)は、実際に夫と自殺未遂に走った。明治三十七年に長崎市で生れた稲子は、不幸な生い立ちであった。生れた時、父母は共に中学生と高等女学生であった。恋愛の末の結果といってよい。

尋常小学校に入るが、七歳で母を失う。十一歳で上京して向島の小学校に転入するが、五年生の時から通学を止めている。学校との縁はここまでで、この時から労働者としての生活が始まる。十一歳で、神田にあったキャラメル工場の女工となったのである。

林芙美子も平林たい子も、決して裕福な家庭に生まれ育った人ではなかった。けれど二人は高等女学校を出ている高学歴者である。この意味で佐多稲子は決定的に違う。佐多は自分を無学歴者と公言している。それは学歴という社会の壁に対する反発もあったが、事実を堂々と披瀝する誇りのようなものを感じさせる。稲子の才能は日々の労働から、また労働の合間の勉強によってつかみ取ったものであった。

稲子の自殺未遂というのは二十一歳の時、日本橋丸善の店員時代であった。大正十四年のことである。

上司のすすめで慶応大学の学生と結婚したが、どうもこの夫が神経質だったようだ。資産家の息子ということも稲子の意識に合わなかったのかもしれない。事実丸善時代に、稲子は学歴差別や賃金格差といった社会意識に目覚めている。

彼女は洋品部勤めであったが優秀な店員であった。三年間の生活中、ある年に稲子一人だけ給料が上った、日給十銭が二十銭になったのである。ところがある新人は最初から二十銭であることを知った。その新人は高等女学校を卒業していたのだ。実は稲子は学歴を偽って入社していた。後年、学歴無しを公言していた人だったが、唯一この時だけは高等小学校卒としていたのである。

学歴とは何か、それによって差ができるのはどうしてか、ほのかな社会問題への目覚めであった。それは幼い頃から女工や料理屋の小間使いとして働いてきた生活の実感であったろう。実はそうした意識を高めさせる人物が、丸善にしげしげと出入りしていた。ただ顔を見ただけで言葉を交わしたわけでは

佐多稲子（『近代日本婦人文芸女流作家群像』）

ない。目がきらきらと光っていたその男は、大杉栄であった。

飛躍台としての女給

佐多稲子の女給勤めは大正十五年から昭和二年へかけてである。そのころ稲子は田端の近郊の動坂に住んでいた。ここで稲子は運命的な出会いをする。文壇へのきっかけをつかむことになったのだ。それは、「紅録」という小さなカフェーに勤めたことであった。銀座や浅草といった繁華街ではない。といって場末でもない。田端は、大正文壇を代表する芥川龍之介を筆頭に、多くの文人、画家、陶芸家が住むところであった。当時はまだ田端村である。紅録はそんな芸術村の気安く入れるカフェーであった。

「カフェー紅録の色ガラスの窓の戸は全部外へ向かって開け放たれている。朝陽が色ガラスにキラキラ光る。二階の窓ではレースのカーテンがひらひらして、造花の桜の花びらものぞいている。表側だけセメント張りに洋風建物をよそおっているが、入口の扉は古びて歪んでいる。女給募集の貼紙は店の広告のようにいつも店の扉の横に張ってあった」(「表通り」)

ひらひらしたカーテンに誘われたのか、稲子は古びた扉を開けたのであった。田端の方からやって来る数名の常連がいた。それぞれコーヒー一杯だけで大声でしゃべりまくり、女給たちを相手にせずさあっと消えていく。そんななかの一人から同人誌を見せられた。奇妙な書体で驢馬(ろば)と書かれていた。

「そのとき私は『驢馬』の人たちと知り合った。同人の一人窪川鶴次郎との戀愛から結婚生活へかけて、中野重治、堀辰雄、西澤隆二、宮木喜久雄という同人たちは、自分の青春のうちに私をも組み入れてくれた」（『驢馬』の人たちと」）

『驢馬』は室生犀星を顧問格として、大正十五年四月に創刊された。命名は堀辰雄とされる。細々ながらすでに稲子は詩を文学雑誌に載せていた。それが窪川らの関心を引いたのだと思われる。彼女は紅緑の女給に間違いないが、驢馬の若き仲間との間では文学仲間として話の輪に入ったのである。

功成り名遂げて後、稲子は「驢馬を語ることは私の人生の夜明けを語ること」と感慨深げに述べている。実にカフェー紅緑という場所は、作家佐多稲子の飛躍台となったのである。室生犀星は稲子の印象をこう記している。

「大なる喫茶店で彼女の笑い顔を見、私は当時酔払いであったから、この佳人に度たび会うことが控えられたというのは、酔態を見せたくなかったからである。その原因は彼女はすぐれた美貌を持っていたから若い仲間から避けることが友情であり礼儀のように心得たからである」（「驢馬の人達」）

稲子は昭和三年から四年にかけ、『キャラメル工場から』、『レストラン・洛陽』を世に送った。

貧乏という問題

下積み、新米、修業時代の特徴は安月給である。端的に言えば貧乏だ。大正の女流文士（女に限らないが）は貧乏だった。貧乏問題は今日でも格差として存在する。けれどあの時代はもっとひどかった。

この問題に本格的に取り組んだのが、経済学者の河上肇である。その名著『貧乏物語』は、大阪朝日新聞の記事として大正五年九月から年末まで連載された。日本が未曽有の好景気に湧いていた時である。なぜ貧乏か。河上は好景気は偽りとしたのではない。その着眼点は大多数の国民の生活水準にあった。

彼は貧乏を三つに分ける。まず絶対的な貧乏者。これはいつの時代にもいる者で、怠け者、流浪者、反社会的な者達である。次に社会から救済を受けているものである。昔は恤血（じゅっけつ）という言葉があって、さまざまな保護支援を意味した。現代では生活保護である。そうした者たちを第二の貧乏と称した。

三番目が連日仕事に精を出し多くの家族を養っているが、その賃金が生きていくのに足らないか、ぎりぎり上回っている階層である。これが一番問題であると河上はみなす。子供は学校に行っているが、育つだけの熱量が取れていない。したがって発育は不十分で、勉強も進まないということになる。国が浮かれている最中に、将来の国民たる児童には深刻な危機が潜んでいると河上は指摘したのであった。「貧乏線」と彼は名付けた。

何故貧乏が生ずるのか、それは一つには国民にとっての必要な物資が、即ち生産額が足らぬからである。立派な機械設備があっても十分動いていない。それは需要、正確には有効需要がないからだ。有効需要―資金の裏付けのある需要である。貧乏人には金が無いから当然である。そうなると畢竟、資金のある層が買ってくれるものへ生産が集中することになる。それは何かというと贅沢品、奢侈品である。経済社会は必要な物を作らずして、要らざる物を作っていることになる。これを是正するには、必要物資は営利事業ではなく国家事業とすべきだと、川上は主張する。今の世は金ある人の世なのである。ここで河上は国富論への懐疑を吐露する。

国の富、力を増大することが経済の第一の目的か、富の増加を図ることが経済の使命かということである。無限に富を増大するものでないというのが河上の考えであった。個人主義、自由放任主義の理論上の欠点が存在するわけである。河上は言う。「現代経済組織の下において個人主義のもたらせし最大弊害は、多数人の貧困である」と。物資の生産を私人の営利事業に一任している現下の組織は変更する必要がある。それを仮に経済上の国家主義と、川上は呼ぶ。個人主義に対して社会主義といってもよい。この場合の社会主義とは、倫理を持って社会全体の利益になるための制度である。思うに『貧乏物語』は、大正景気に浮かれる人々への頂門の一針であった。

第6章 ❖ 小さなデモクラシー／女給同盟

カフェーの増加と、それに伴って女給という新しい職業が誕生した。それは街角風俗の一つの変化であったと書いた。年代としては、関東大震災の前あたりからと言ってよかろう。その街角には、女給の他に新語が人々の口から放たれていた。アナ、ボル、資本論、デモクラシー、民本主義、普選など。これらが現実の行動となった時、デモ行進が行われストライキとなる。つまりは労働運動である。その運動のなかに、名も知らぬ一群の女たちがいた。

日本初の女給組合のデモ

大正十一年四月八日のことである。大阪市内の目抜き通りを、声をからして叫び廻る若い女たちの集団があった。いずれも粗末な着物姿だが旗指物を持っており、通りを歩く若い女にビラを手渡していた。ビラの文句を拾い読みすると次のようなものだった。

〝弱い私共も、多数集まりますならば、強い資本家共に打勝つ事が出来るのです。皆さんは、皆さんの主人の仕打に不平があつても、一人で打突かつて行く丈けでは、迚(とて)もモノにはなりませぬ。然し若しも皆さんが多数団結して主人に當るならば主人は屹度皆さんの主張を聞き容れるでせう。然うです。皆さんが何等かの要求を主人にしようとならば、先ず皆さんが多数団結しなければなりませぬ。私共は右の趣旨から、此度『女給同盟』を作る事となりました。組合は皆さんの力です。武器です。守本尊です。若し皆さんが自分の地位を向上し、境遇を改善しようと望まれるならば、先づ我が組合に加入なさらなければなりませぬ。

来れ！　満都の兄姉達！〃（『日本労働年鑑　大正十二年』）

女たちは、「読んでください」とビラを撒きながら、カフェーや食堂を見つけるとすかさず入っていき、迷惑顔の主人を尻目にビラを置いていった。彼女らは全員、大阪市西区九条にある朝日屋食堂の女給であった。

翌日九日の読売新聞は早速これを記事にした。

「十日、態　発会式を挙げる大阪女給同盟は其後発起女給が数回に加入申込書に添た宣伝ビラを全市のカフェーに配り歩いた結果加入女給は意想外に増加し二百名に上ったと云ふので素晴らしい勢いとなり八日午後二時から女給同盟宣伝隊を組織して隊旗を先頭に女性は昔太陽であった　男の産める男子蟻や　万国の婦人よ団結せよ等の大書した長旒を春風に吹き流して労働同盟本部を出発〳〵」

労働同盟とあるのは大日本労働総同盟のことである。全国の組合を網羅して大正十年に発足した。総同盟は組織拡大のために女給にも働きかけたのであろう。

大阪市西区九条の朝日屋では、この年早々から総同盟の援助を受けて女給同盟の組織作りが進められていた。十日の発会式は午前九時から朝日屋食堂で行われた。職場で開かれるとは意外である。経営者が理解を示したと想像される。小堀千代子という女給が座長となり宣伝書を読み上げた。

「女性を男子の隷属物とせる旧道徳を破壊し歓楽のかげに潜む犠牲的奴隷の境遇より脱却し自由と愛に充てる人生の再建を期す」（前掲資料）

この文章はなかなか高尚である。封建思想からの婦人解放を謳（うた）っている。朝日屋での具体的な待遇改善という内容ではない。まず労働者としての自覚のために団結しようという意識である。ただ一つだけ、洗濯賃を主人持ちにするという要求があった。女給たちはおそらく住みこみであったのだろう。そのため職場で洗濯をしていたのだが自弁であったのだ。式では総同盟への加入、翌月に予定されているメーデー参加を決議した。メーデーまでの間、市内目抜き通りで宣伝演説を行った。女給同盟とは日本初の女給組合である。

大正十一年は職業婦人の運動が活発化した年でもあった。その職業婦人とは芸妓、娼妓である。特に依然として遊郭に閉じ込められていた娼妓は、明治五年に出された解放令からこの年が五十年にあたるため自由廃業が相次いだ。

この背景には、芸妓と雇い主との契約を無効とする判決が出たことである（宮城控訴院判決、大阪控訴院判決）。芸者の自由を奪うことが違法とされたのであった。この判決の影響は娼妓にも及び、たとえ商売を続けるとしても、外出の自由、病気治療の促進、帳簿の明確化等が打ち出された。

娼妓の場合、よく起こる問題の一つが妊娠である。雇い主の方では積極的に乗り出すところもあり、兵庫県西ノ宮の業者は出産や静養の費用を負担することに決めた。浜松、神戸の三業地では芸妓衆が待遇改善を要求してストライキを行った。ことに神戸では、七十八人にも上る芸妓が一斉にストライキに入るという大がかりなものであった。

明治以来の婦人運動のなかで、最初に組織的活動を鮮明に行ったのは、明治四十四年の平塚雷鳥率いる青鞜社であった。これは女性自身が本来持つ力を打ち出して全国の女性に訴えるものであった。

〝原始、女性は太陽であった〟という劇的な一句は、女は決して弱い人間ではないことを宣言したものだ。そのため旧来の女性道徳に反抗する姿勢が強く、青鞜社会員のなかには吉原遊郭に繰り出す者もいた。男のやることなら女もやるという考えである。労働運動というよりも文学芸術運動という色彩が濃いといってよいであろう。

これに続いて大正八年十二月に、新婦人協会がやはり平塚雷鳥を会長に結成された。この協会は文学芸術ではなく社会運動を目的としていた。運動の中心的役割を担った奥むめおによれば、新婦人協会の事業は多岐にわたっていた。女子高等教育の推進、日本婦人総同盟の結成、婦人問題の研究調査、機関誌の発行、そして婦人参政権の獲得である。

だが協会は二年余りの活動の末、大正十一年には解散してしまう。会員には保守的な考え方から社会主義を目指す考えまでさまざまで、運動にも統一がとれなかったというのが奥の感想である。

関東大震災後、新たに運動を始めたのが東京連合婦人会であった。ここに市川房枝と金子しげり（後の山高しげり）がおり、婦人参政権獲得期成同盟会を作って、長い参政権獲得運動を推し進めた。

治安警察法改正問題に女給も声をあげた

大阪の女給同盟に刺激を受けたのか、東京でも二人の女給が起ちあがった。小倉信夫二十二歳、和田小夜子二十歳である。カフェー・キョーバシの女給である。大正十一年五月十三日の東京朝日新聞には次の見出しが躍った。

〝女給たちまでが治警の改正でおおまじめエプロンをも脱ぎ捨てゝ演説の地方巡り〟

記事によれば、男性弁士の応援を得て地方遊説に出かけるという。何を訴えるのかといえば、見出しにある〝治警改正〟である。二人は言う。

「我国の婦人に対する長い間の因習的な態度には私達も黙つてゐられません。殊に社会組織の欠陥以上に婦人に対する不公平は大きいと思ひます」

そして彼女らの口からは今日でも耳にする言葉が飛び出した。

「母さんなる前に必ず人となる事が肝要です」

一女給が遊説とは、全く破天荒の企てと言わねばならない。おそらく支援団体があったのだろう。大阪同様、労働総同盟であった可能性がある。カフェー・キョーバシの馴染みに同盟の人間がいたのかもしれない。この二人の言葉も女給としての待遇改善ではなく、広く婦人の地

起ちあがった二人の女給。和田小夜子（左）と小倉信夫（『朝日新聞』）

位向上を叫んでいた。奇しくもこの年の四月から五月にかけて、東西相呼応して女給が起ちあがったのだ。

では、女給までもが言及した治警改正とは何であったか。治警とは治安警察法である。明治三十三年三月に法律第三十六号として公布された。その内容は第一条に記されているように、「政事ニ関スル結社」の規定である。政党、政治団体の結成に関する法律だ。

何故こんな法律ができたのかといえば、明治三十三年は議会政治が始まって十年余が経ち、これまで在野勢力であった政党が内閣に参加し出したことが大きい。治警法公布の時は第二次山県内閣であったが、この年に伊藤博文を総裁として大政党となる政友会がつくられた。すでに明治三十一年には、自由党の板垣退助と進歩党大隈重信が協力して政党内閣が成立していた。朧げながら政党政治が始まりつつあったのである。

もうひとつの重要な狙いは、政府の意向に沿わない結社を禁止、取り締まることであった。社会主義的、破壊主義的な団体は、〃安寧秩序維持〃という名目で規制したのである。

その第五条には、「左ニ掲グル者ハ政事上ノ結社ニ加入スルコトヲ得ス」とあって、五番目に女子が挙げられていた。そしてさらに、「女子及未成年者ハ公衆ヲ会同スル政談集会ニ会同シ若ハ其ノ発起人タルコトヲ得ス」としていた。〃結社ニ加入スルコトヲ得ス〃だから、政治団体に入ることはできない。また、〃政談集会ニ会同〃することも駄目とは、集まりに顔を出すことも、演説、発言を聞くこともできないことになる。

この条項は婦女子の政治への参加を閉ざすものであった。政治には関心を持つなというに等しいのである。治安警察法制定以前は、京都の中島湘煙、岡山の景山英子（後の福田英子）らが、女権拡張論者として盛んに各地で演説した。東京女子医専（現東京女子医科大学）の創始者である吉岡弥生も、若き日は女権拡張に尽力した運動家でもあった。婦人政談演説会なるものも開かれ、興味もあってか男が大勢押しかけ、そのため二階席が堕ちる騒ぎまであった。治安警察法は、婦人の政治進出、ひいては自由民権思想を遮断したのである。

治安警察法の女性に対する考えは簡単明快である。男は仕事、女は家庭―これにつきる。それが日本の美風だというわけだ。

当然のように女権拡張論者からは反発の声が上り、それは幸徳秋水、堺利彦らの平民社が行動に移した。平民社の幸徳千代子（秋水の妻）、堺為子（利彦の妻）が中心となって五百余名の署名を集めた。これに請願書を添えて、明治四十年三月に衆議院に提出したのである。その請願書は次の通り書かれていた。

「是れ女子を以て未成年者若しくは無能力者と同一視するものにして不道徳の甚だしきものなり。今や女子教育は大いに進歩し、女子の職業に就く者は著しく増加し、女子が政治上に趣味利害を有すること亦た昔日の比に非ず。現に　選挙等の事に就き女子が活発なる政治上の運動をなす者も少からず」（『世界婦人』第二号）

請願は五条のなかから〝女子〟の文字を削ることを求めていた。請願の結果は、衆議院では可決されたが、貴族院では否決されてしまった。

改正運動を引き継いだのが新婦人協会であった。大正十一年三月に請願書が再び衆議院に出された。幸いに貴衆両院を通過した。この時の改正は、五条のなかの政談集会に関する項目であった。女子は削除されたため、集会に参加して傍聴することは可能となったのである。だが依然として結社参加への道は閉ざされたままであった。まさにこの時期が、大阪の女給同盟結成と重なるわけである。

次のヤマ場は大正十四年三月にやってきた。この時は加藤高明の憲政会内閣である。加藤内閣は普通選挙法という重要法案を抱えていた。これに乗ずる形で市川房枝らは、婦人解放に関する一括法案として提出することに成功した。婦人解放に関する一括法案の内容は、治警法第五条改正、女子高等教育振興決議、選挙法改正、自治体に於ける公民権付与であった。

選挙法改正とは、普選をさらに拡大し女子選挙権を求めるものである。市川の最大の狙いはこれにあったとみられるが、参政権は少々早すぎた。治警法五条の改正要求は政治結社への参加であったが、採択はされたものの、実際には政府は改正せず、治警法問題は中途半端で終わりを遂げたのである。

女給生活の実態調査

ここで大正末期の女給生活を覗いてみたい。大正十五年三月に『職業婦人調査』という本（中央職業紹介事務局編）が刊行されている。職業というのは、東京大阪のカフェー、バー、レストラン等の女給を対象としている。

何故こうした調査を行ったかといえば、近年カフェーの増加が背景にあるとしている。よほど目についたのであろう。女給といえば活動館ではなく、カフェー、バーの女給仕であることが一般化した頃であった。大正十四年七月の調査時点で、東京の女給数は七三一九名、大阪は四二三〇名である。比較する以前の数字はないが、相当多いとみるべきなのだろう。このうち双方合わせて三千名弱からデータを得た。以下、内容を摘記してみる。

彼女らは大体十八歳から二十一歳であった。女給になった理由、動機は、家計補助のためというのが一番多い。東京では大震災の影響という理由を抜き出して挙げている。これも家計補助の一つだが、依然震災の打撃が大きいことを表わしている。自活のためにカフェーに飛び込んだというのも相当あり、女給が婦人の職業として登場していることを物語っていよう。

多くはないが東京で目立ったのは、嫁入り支度という回答である。一見どういうことなのかと疑問に思ってしまう。結婚資金をつくり衣装も新調したい、それに垢抜けできるというのが動機である。カフェーはきらびやかな職場というイメージが、すでに若い女の頭にはあったらしい。そしてカフェー希望者の多くが、収入が多いから選んだと答えているが、果してどうであろうか。

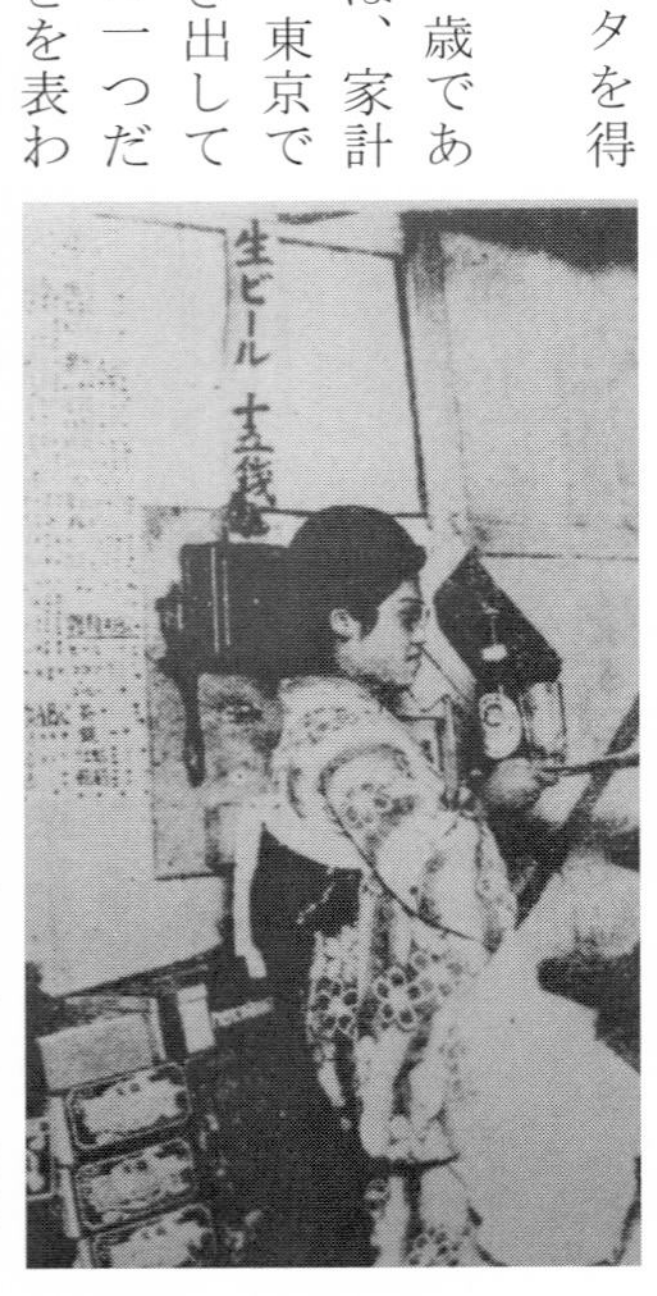

大正期の女給(『新東京探見』)

女給の給料には二種類ある。店からもらう固定給と客からもらう心付けだ。この心付け、即ちチップが彼女らの主な収入源である。チップは全く客の心次第であるから不安定だが、彼女らはひたすらチップにすがる。

収入を数字別に見ていくと、最も多い層は月収三十円以下となっている。この結果は東京も大阪も同じである。多く得たとしても六十円までが大半で、百円以上となると急激に減ってい く。一番は東京の二百円以上というものだが一人に過ぎなかった。収入は固定給とチップを含むが、数字はほとんどチップとみてよい。女給個人の腕にもよるだろうが、家計補助という理由にふさわしい収入というのが実情といってよい。

昭和の初めでは、女性事務員の月収が六十〜七十円であった。華やかさに憧れても、実入りは女性事務員と変わらないわけである。調査は、勃興しつつあるカフェーの実態を、次のように的確にとらえていた。

「飲食は第二、先ず若い娘の愛嬌が客を引くのが現在のカフェーである」

女給団結の拡がり

大阪の朝日屋食堂に続いて、大正十三年八月になると市内の別の食堂でも同じ動きが起こった。西区にある島久食堂では、女給が経営者に対し立ち上がったのである。島久というのは五十余名を容れる大きな食堂である。しかし女給は六名しかおらず、食事時となると給仕はてんてこ舞いとなる。午前十時起床で仕事は午前二時まで続く。起床というからには、島久では女給は住みこみなのであろう。途中休み時間はあるとしても長時間労働は明らかである。終わった後の掃除も仕事だから、床に就くのは午前四時というのが普通であった。

月収は四十から五十円（固定給と思われる）だが、ここから六円を店に収めなければならなかった。おまけに外出まで制限されるとあって、ついに六人は八月十三日徹夜協議のうえストライキ決行を決め、合わせて待遇改善の要求を突きつけたのである。結果は不明だが、島久の場合は組合結成まではいかなかったらしい。中心となったのは、おしづさんという女給であった。

業種毎に婦人労働者の団体も作られていた。すでに大正九年にできた婦人事務員協会、サラリーマンユニオン婦人部、タイピスト協会、タイピスト相互協会、全国小学校女教員会などである。タイピストに二団体あるのは、この職業が近代女性職業の代表であり数も多かったことによるものだろう。

これらは全てが組合というものではなかったが、職業婦人としての地位向上を目指すものであった。さらに女給の活動としては、昭和四年八月に大阪の女給五〇〇名が起ちあがった大規模な女給組合の結成がある。大正の女給同盟が拡大したものと見てよい。

続いて昭和五年には、大阪ウェイトレス・ユニオンが結成された。女給五〇名が参加して「我等女給にも労働者としての権力を与えよ」と気勢を挙げた。具体的な要求は、衣料費を経営者負担とすること、固定給を基本とすることであった。

女給組織の現れは地方でもみられた。その一つが広島県である。大正十五年三月に関西女給同盟という名称で作られた。経営者に対して、「何ものにも束縛されない自由人」であることを宣言した。

チップ制の女給は自身の意志で転廃業できることになっていたが、裏面ではさまざまな拘束があるのが実態であった。その一つが、華美な衣装を身に着けるために店から金を借りることである。経営者も積極的に金を貸した。いろいろな手を使って女たちに貸し与える。衣装、化粧、装身具に至るまで金を貸し、眼を見張らせる衣装で客を引きつけるわけである。

女給の方もいい気分で積極的に働くが、借金に見合うだけのチップが常に入るわけではない。月に百円以上取る女給ならよいが、精々六、七十円止まりとなれば借金は増える一方となる。なかなか自由転業というわけにはいかず、女給は仕方なく店に縛りつけられる。〝束縛されない自由人〟とは、店側のそうした陰湿な手法を糾弾する意味が込められていた。

関西女給同盟が本格的な活動に入ったのは、昭和二年になって県議会で持ち上がった女給税問題である。この税金は東京を始め一部の県でも導入されようとしていた。県政の安定という名目で新たな税金を課そうとするものだ。昭和二年のうちは決定されなかったが、昭和五年になると正式に決まった。これは大きく言えば、時の浜口内閣の緊縮政策と不況が重なり税収入が不足したからである。昭和五年十二月の県議会で可決され翌年度から徴収されることになった。

一挙に反対運動が展開された。強力な運動が効を奏し、新税は導入されたが、当初の半分以下に減額された（今中保子『広島県女給同盟』に関する一考察」）。こうした女給たちの労働運動は小さな規模ではあったが、徐々に広がりつつあるかにみえた。しかし昭和に入ってカフェーの大波のなかに飲み込まれていく。カフェー黄金時代到来である。

第2部
時代の尖端をいく女給

第7章 ❖ 職業女給の確立／カフェー全盛

カフェー・オラガとカフェー・ライオン

昭和四年の三月、東京の永田町にモダンな建物が完成した。永田町といえば今もこの頃も政治横丁である。建物は横に広がった二階建ての洋館で、帝国ホテルと似通っていることから、その設計者の名を借りてライト風と評された。これが現在も残る旧首相官邸である。

旧というのは、官邸は平成十四年四月から隣接した五階建てのものに代わっているからだ。けれどこの旧官邸は筆者にとってはまことに馴染み深い。なぜなら鈴木善幸内閣当時、首相官邸担当の記者として、ここが職場だったからである。

官邸玄関を入ると左側に小部屋がある。ここは番小屋と云って、首相の出入りや来客を取材する記者のたまり場だった。二階には首相の執務室があり、そこには記者は入れないが、隣に小部屋があって、ここで来客との写真撮影が行われる。

記者会見室は一階の右奥にあり、午前十一時と午後四時に官房長官が行う。この後、官房長官担当の記者は長官室に行く。懇談が始まるのである。会見内容はちゃんと出所を明らかにして報道できるもの、懇談で出た話は出所は明らかにできないが、政府筋とか政府首脳という言い方で報道された。官邸にはスイスという小さな食堂があった。記者や官邸職員が利用した。筆者はここのカレーライスがお好みであった。思い出は尽きない。

閑話休題。旧官邸には絨毯敷きの華麗な大ホールがあり、さまざまな会議や要人のレセプションに使われた。大ホールは天井が半円形でアールデコ様式となっている。今官邸ホームページで眺めると立派な装飾である。そんな新奇さが眼を惹いたのか、当時は誰からともなく、ここをカフェー・オラガと呼ぶようになった。〝オラガ〟とは奇妙な名だが、これは自分を指す代名詞である。完成当時の総理大臣である政友会田中義一は山口県人で、「オラガ、オラガ」が口癖で、「オラガ総理」と呼ばれた。

首相官邸またの名は「カフェー・オラガ」
（『大東京写真帖』）

次の政権が民政党浜口雄幸になると、今度はカフェー・ライオンとなった。ライオンとは銀座の名カフェーであるから、さては浜口さんはご常連なのだと早合点してはいけない。ライオンとは浜口雄幸のニックネームで、風貌が堂々としているからライオン宰相と呼ばれた。

ではそのあとの主となるとない。カフェー・オラガとカフェー・ライオンのみである。なぜか。それは、昭和二年から五年、六年にかけてカフェーが大変な人気を博したからである。そうした世相が新官邸の華麗さと相まってカフェーという冠が付いたのだと想像される。オラガとライオンに、果して女給がいたかどうかは不明である。

増え続けるカフェー

昭和の初めは大大阪の時代であった。大阪市の人口が東京市を上回ったのである。大正十五年に、大阪市の人口は東京を十二万名上回る二一八万名となっていた。昭和六年となると、東京二〇八万名、大阪は二五一万名である。これは偏に関東大震災の影響が大きい。

その大阪の歓楽街から見てみよう。昭和二年四月一日時点で、府内の女給総数は六三七三名であった。これが三年後の昭和五年末には、府内で一万二五七八名とほぼ倍増している。店舗数を見ると、昭和二年のデータは無く、五年は三三二九軒で市内だけで二七九五軒を占めている。これはカフェーの数である。大阪の有名な店は、「ユニオン」、「赤玉」、「美人座」、「日輪」などで、大阪勢は勢いを駆って銀座にも進出してくる（『女給生活の新研究』）。

赤玉は大阪を代表するカフェーであり、昭和二年頃に全ての女給の衣装を変えるという革新を行った。白エプロンを取り去り錦紗という高級品の着物にしたのである。また専属のダンサーを養成してステージショーを見せた。赤玉の経営は榎本正という辣腕家によるものであり、榎本は銀座にも「銀座会館」を出して話題をまいた。

一方、東京はどうか。松崎天民はある雑誌に次のように書いている。

「大正十二年の大震火災で、東京市は山の手を余すのみ。下町一帯のカフェーは、跡形もなく亡びたが、それから五年目の今日では、震災前期にも倍する勢ひで、カフェーやバーやレストランが復興して来た。今日の銀座だけでも、ライオン、タイガー、松月、キリン、キンブラ、プランタン、モナミ、バッカス、サッポロ、エスキーモ、千疋屋、資生堂、佐々木、台湾喫茶店、富士、不二家と云ふ風に、盛大なカフェー銀座を出現した」（「現代カフェー大観」）

また大阪毎日新聞の村島帰之による『カフヱー：歓楽の王宮』には次のように出ている。

「資生堂月報に記載された昭和四年六月廿日現在、銀座通の食べもの店の調べによると銀座通（裏町を含まず）のカフェーは五十軒、震災前（大正十一年）の二十軒に対して約倍半に増加した訳である」

築地・京橋警察署のまとめによれば、昭和二年末の銀座におけるカフェー、バーの総数は二六〇軒となっている。女給数は東京府全体で一万八九八五名、昭和四年八月でカフェーは六一八七軒が、七年六月になると七五一一軒、女給二万二七八〇名を数えた。明治、大正の頃はどの横丁にも寄席があったが、昭和に入ると、ご町内にはカフェーありとなったわけである。

カフェー増加の牽引役「タイガー」

こうした増加現象には何か理由がなければならない。それを村島帰之は独特の空気、雰囲気に求めている。

「蠱惑的な女給の嬌声と、エロチックなその媚態と、刺激的なその服装……。それ等から発散するところの魅力に富んだ空気、それである」（『カフヱー：歓楽の王宮』）

料亭、芸者とは全く違う魅力がそこにはあった。しかも芸者遊びと比べ気楽に入れて安いというメリットがあった。村島の言う〝空気〟を堪能できるカフェーの代表が「タイガー」であったろう。大正十三年九月に店開きしたタイガーは、圧倒的な人気でカフェー増加の牽引役ともなった。

「赤青紫と三組に別れて、やさしいのや、さびしいのや、芸妓のやうなのや、女学生のやうなのや、浮気さうなのや、お天狗なのや、三十五六人の女が色取々に妍を競ひ合つて、ジンの匂いと煙草の烟と、誠に一夜の歓楽を追ふに相応しいカフェなので、千客万来素晴らしい繁昌振りを示した。それにライオンなどからも、馴染みのウェイトレスが幾人となく鞍替へして来たので、文句なく私たちは皆んなタイガー一党となつてしまつた」（酒井真人『カフェー通』）

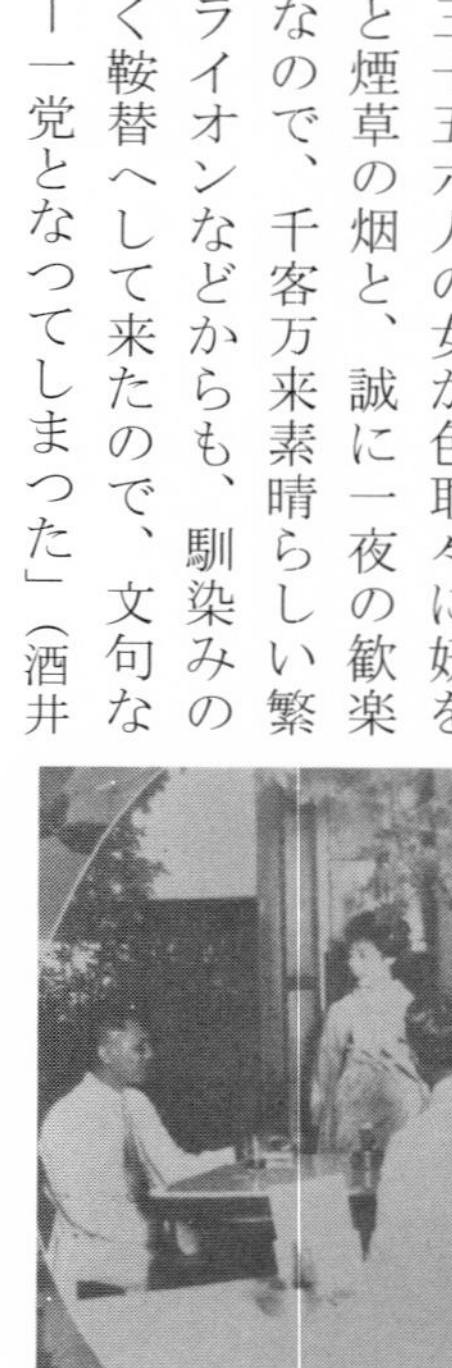

カフェー・タイガー（『大東京写真帖』）

俗な言い方だが玉がよかったということである。

「タイガーの女給達は何と云ふ明るさであり、華やかさであり、美しさであり、艶かしさであらう」（松崎天民『銀座』）

これまで美人女給の代表店はライオンであった。客たちの評判によると、ライオンの美人は何となく垣根があるようなのに対し、タイガーの美人は何の隔てもなく笑いかけるのが魅力であった。かつ艶めかしさがあった。王座は獅子から虎に移ったのである。

インテリ客に人気のサロン「春」

タイガーと並んで人気を二分したのが、サロン「春」であった。場所は銀座通りの西側、交詢社ビルの地下で昭和の初めに開店した。こちらも美人五十名を揃えた。

「今や、この店を支配するものは女給である。客は春の料理を食べに来るのではない。この家の自慢とする銘酒梅の樹を飲みに来るのではない。彼等は良江の才智に、順子の瞳に惹き寄せられて来るのである。だからこの家で支拂はれる客の勘定の大部分を占めるものはチップである。昔カフェ通はその店への勘定よりも女給へのチップの多きを恥とした。今やさうではない。三円の勘定に対して十円のチップを拂はなければならないのである」（安藤更生『銀座細見』）

この文章を読むと、サロン春には、色香の他にウィット、ユーモアを発する女給がいたようである。場所が交詢社という、インテリ人士の集会所ということもあるであろう。インテリ客は喜んで女給にひれ伏したのである。常連の一人である吉井勇は、春に詩を捧げた。

〝リキュルグラスに花片浮けて　どうせ飲むなら二人の胸の
燃ゆる血よりも真つ赤な酒を　ぐつと飲みましよ一息に
春だ春だよ　銀座は春だ　飲めようたへよ踊れよ春だ〟

吉井にしてはいささか平凡だが、浮かれ浮かれたあげくの作か。

サロン「春」（『アサヒグラフ』）

東京行進曲と道頓堀行進曲

昭和四年の東京に一つのヒット曲が生れた。

♪むかし恋しい銀座の柳　あだな年増をだれが知ろ
ジャズで踊って　リキュルで更けて
明けりゃダンサーの　なみだ雨♪

この「東京行進曲」は同名の映画の主題曲だったが、たちまちのうちにメロディーが日本中に広まった。歌詞は一番から四番まであり、まず銀座、続いて丸の内、浅草、新宿という風に、盛り場、ビジネス街、下町、新興地を歌いあげたものである。ここに挙げた一番の歌詞で、〝ジャズで踊ってリキュルで更けて〟は、ダンスホールとカフェーの描写であろう。ダンスホールは昭和の初期に、カフェーに劣らず盛んであった。

出だしの、〝むかし恋しい銀座の柳　あだな年増をだれが知ろ〟とは何か。昔の柳は消えてしまったが、歩いている年増は昔のあの娘なのか、という風に筆者は思うのである。つまり、新しい東京が出現したのだ。

関東大震災で明治以来の東京は壊滅した。その後、帝都復興事業が強力に推し進められ新しい東京が生れた。具体的にどう新しくなったかは、典型的には道路の改善が示している。大震災時までは、雨ともなれば東京の中心でもドロとなりゴム長靴が必要であった。東京市十五区の道路面積（舗装化率）は、わずか十一％に過ぎなかったのである。これが昭和四年から五年には二十六％と倍以上となった。

アスファルトや煉瓦、舗石など、さまざまな方法によって道路の強化策が進められた。二十六%とはまだまだ少ないが、幅十二間（二十メートル）の道路が中心地で整備された。特に目立ったのは、東京駅と宮城を結ぶ行幸道路である。幅四十間（七十三メートル）という偉容を誇った。桜田門から虎ノ門に至る官庁街も、道路の幅は二十四間（四十四メートル）である。

日比谷公園脇の道路には街路樹が植えられた。美観という意識も芽生えたといえる（数値は、今和次郎編『新版大東京案内』）。道路がよくなったということは、人間の活動を活発にする効果がある。雨の日でも皮靴、ヒール靴で闊歩できるのだ。モダンガール、モダンボーイが現れる。町が近代化することで、自然とカフェーの増加にも拍車がかかったのである。

行幸道路（『大東京写真帖』）

東に東京行進曲があれば、西には道頓堀行進曲がある。西の行進曲は昭和三年にレコードが発売された。

♪赤い灯青い灯道頓堀の　　川面にあつまる恋の灯に
なんでカフェーが忘らりよか　　酔うてくだまきゃあばずれ女
すまし顔すりやカフェーの女王　　道頓堀が忘らりよか♪

東の曲がやや哀切調のメロディーなのに対し、西は陽気な明るさを一杯に出している。大阪の道頓堀といえば、道頓堀川に沿う江戸時代からの芝居町である。賑やかな場所なのだ。

朝日座、浪花座、中座、角座、弁天座の五座は、それぞれの幟（のぼり）をはためかせ、人気役者の芝居を上演した。

それが昭和改元とともに様相が一変してしまった。道頓堀の南北には、「ユニオン」、「大笑亭」、「赤玉」、「フランスバー」、「カフェーシップ」、「カフェーアシベ」、「カフェー道頓堀」、「カフェーサンゴ」といった風に五座を圧倒してしまった。三味線の音は流れず、聞こえてくるのは軽快なジャズである。ジャズに合わせて踊るのは道成寺に非ず、これも軽快なジルバ、マンボである。

大阪文化の象徴である文楽座は近代的なビルとなり、客は椅子に座って人形の動きを鑑賞した。土佐堀に浮かぶ名物の蠣船（かきぶね）まで、提灯に色を塗ってカフェー船のようである。人はこうした風景をモダン大阪と呼んだ。モダンの主役は東西ともに女給であった。

女給小夜子がモデルの小説

「女給は解放期に向かつて居る日本女性にとつての一つの重要な職業である。（中略）女性の経済的独立といふ必要から見ればこれは重要な位置にある新職業である」（安藤更生『銀座細見』）

この一文は、多分に男の視点であることを著者安藤も認めている。そうであっても、女給が時代の先端を行く職業として注目されたことは事実であった。モダンガールの先端と言ってよいかもしれない。あの頃は、時代の先取をセンタン「尖端」という字で表現した。尖端を走ったのが女給であったのだ。その尖端の一人がカフェー・タイガーから現れた。

タイガーは、浅野財閥を率いる浅野総一郎が始めた店である。財閥経営ではなく総一郎個人の趣味であったらしい。そこには、かほる、陽子、お定、おふじ、お夏といった美人が目白押しであった。永井荷風が、菊池寛が、三上於兎吉が、吉井勇が押しかけた。そんななかに一人の子持ちが混じっていた。名は小夜子、恋愛の末産まれた子を故郷の北海道に残し上京した。男は樺太で一旗あげると告げて逃げたのである。

昭和四年にタイガーへ入った初日、小夜子は太った客から十円のチップをもらって驚く。菊池寛であったらしい。そんなやり取りを知ってか知らずか、若い文士が連日通っていた。ある晩彼は、隣に座った小夜子からこう言われた。

「先生、あたしのこれまでを小説にしてくださらない」

文士は広津和郎であった。

「ええ、さうですの。吉水さんにお会ひしたのは、わたしが始めてカッフェ・Tのお店に出たその晩でした。

その時がわたしが女給になつた最初の時かつて？

いいえ、その前にもたつた三日間、関口、それ、小石川の瀧のあるあの関口御存じでせう。あすこの小さな店にほんの三日程出たことがありましたけれど、でも三日で止めてしまひました」

女給小夜子（右）と君代
（『アサヒグラフ』）

小夜子は饒舌に語る。広津はそれをメモして、昭和五年の『婦人公論』八月号に第一回が掲載された。ここに載せたのは書き出しだが、女の一人語りで物語は進められていく。女給を題材とした小説はすでにあった。永井荷風の『つゆのあとさき』はやはりタイガーの女給をモデルにしたとされ、細井和喜蔵にも『女給』があったことはすでに記した。

これらに対し広津の作品は、現役の女給の口を通して心の有様、客との交流、日常の出来事が赤裸々に綴られている点が大きな特色であった。書き出しに続いてこうある。

「女給！　何といふイヤな言葉でせう。一体何処の無神経な奴達がこんな不愉快な響の言葉をこしらへたんでせう」

あるいはこう語られる。

『女は若い時は色気で、年を取ると欲気だ』と云ひますが、それもみんな男がした事ですわ。ほんとうにお金でもなければどうして女が一人でこの世に生きて行けるのです？」

一読ハタと感ずることは、美人だ、才智だ、艶かしさだ、と賞賛されていても、心の内は異なるということだ。それはそうであろう。内実はさまざまであるに違いない。小夜子は自分の心を、思うがままを直截に語った。それだけに迫力があった。小夜子の独白は昭和六年三月に、『女給・小夜子の巻』の表題で出版された。

朝起きてみたら時の女になっていた

小説が評判になるにつれて、機を一にしたかのように歌謡曲が流れ出した。昭和五年暮れに出た「女給の唄」である。作詞は「東京行進曲」と同じ西条八十であった。

♪わたしゃ夜さく酒場の花よ　　赤い口紅錦紗のたもと
ネオンライトで浮かれて踊り　　さめてさみしい涙花♪

歌詞からは切なさがにじみ出るのに対し、メロディーは明るい。二番の前半はこうなっている。

♪わたしゃ悲しい酒場の花よ　　夜は乙女よ昼間は母よ♪

まるで小夜子のことを歌っているようであった。小説のモデルが彼女であることは、いつの間にか知れ渡っていた。小夜子はタイガーから京橋近くの「クロネコ」という店に移った。船の形で人目を引いたカフェーである。クロネコの入口には、「かの小夜子嬢がおります」という看板が飾られた。贔屓客は彼女を追いかけてクロネコに詰めかけた。

昭和六年になると、「女給の唄」を主題歌にして映画『女給』（帝国キネマ　曽根純三監督）が公開された。さらに女給芝居も上演された。吉本興業が小夜子に目をつけて舞台に引っ張り出したのである。場所は浅草公園にあった昭和座である。

クロネコの人気女給である小夜子と香代子が出演した。二人を目当ての客の役も必要というわけで、柳家金語楼（落語家）と柳家三亀松（音曲師）が呼ばれた。金語楼に三亀松といっても忘れ去られたが、昭和のある時期まで絶大な人気を誇った芸人である。舞台中央のテーブルに二人が座っている。後ろの階段を降りて女給がやってくる。

「わたしが小夜子でございます。どうぞよろしく」と酌をする。

「わたしには可愛い子供が家で待っているんです。心は泣いているんです」とハンカチを目にあてる。香代子が叫ぶ。

「わたしは世のなかの男を呪ってやる」

たったこれだけの演技（?）なのに、男たちは連日昭和座に詰めかけた。

〝一朝にして目覚むれば、早や有名となりにけり〟

ある朝起きてみたら、自分が別の人間に昇格していたという意味である。小夜子はある瞬間から時の女になっていたのだ。久方ぶりに帰省した小夜子は故郷の人からこう言葉をかけられた。


「おや、小夜ちゃん、東京に行つて、大層出世しなすつたそうで……。近辺のおかみさん達は、さう云つては、しげ〲とあたしの服装に見惚れました。出世！　銀座の女給が出世とは！」（『女給・小夜子の巻』）

女が東京に出る、いい着物を来て故郷に帰る、世間はそれを出世とみるのである。

女給が職業として確立した

昭和六年に出た『婦人職業の実際』は、「女給といふと現在ではまづバー、カフェー、レストラン、喫茶店とに働く婦人に定つた名称になりました」と記している。華美な着物を着て美しいお化粧をし、夕方から夜にかけて仕事をするのだと紹介している。

さりげなく書かれているが、ここに重要な点が認められる。〝定つた〟という一句に注目すべきだろう。それは、女給という職業が確立されたということである。専門職といってもよかろう。女ボーイ、あるいは単にボーイさんと呼ばれていた飲食店の女子従業員が、昭和の初めになってハッキリと女給となった。ボーイでもない、小女でもない、給仕ではない。女給である。言葉が出世したとみることができる。ことにカフェーで働く女は女給という固有名詞化したのである。

何故そうなったかはジャーナリズムの効果である。最初に小説が現れた。次に唄が歌われた。映画ができた。小さな劇場だが芝居がロングランを続けた。さまざまな媒体によって宣伝された。現代の用語で言えばメディアミックスの力である。人が時代をつくり、時代が人を生むという。女給は時代を作ったわけではないが、明らかに昭和という新しい時代がつくった風俗であった。

小夜子の後日談

一世を風靡したといわれた女給小夜子の本名は、杉田菊枝さんである。札幌生まれ、北海高女を中退して上京した。妊娠、女児出産、十八歳で女給となった。タイガー、クロネコで人気を博したが、女給を辞めてからは銀座四丁目の七宝ビル地階にバー・コティを開いた。戦争で故郷に帰ったが、昭和二十六年に再び銀座に戻った。お座敷カフェーの仲居を経て、銀座八丁目五番地にバーを開業した。バーテン一人、女給三人、四人という小さなバーである。

戦後は社用族が多くなったのでツケが重なり、客を集めるより売上金を集める方が一苦労だという。それに客に金を貸したあげく、貸し倒れになったことも一度や二度ではなかった。現役時代に、小夜子の盛名に惹かれた客からウイスキーを顔にかけられたという。理由は、ちっとも美人じゃあないという。これがあたしの顔だと、男に水をぶっかけましたと笑う。

「お客はただ飲んで騒ぎに来るだけよ。あきらめてるわよ。いやならよそへでも行きやがれってね。……でも店の子につれない仕打ちされると、やりきれないね。酒飲んで、泣き寝入りしたってなおりゃしない。結局何も残らない」（『日本人の暮らし』）

女給小史④

川端康成が一目惚れした女給

伊藤初代という名の、後世にまで名を残した一人の女給がいた。

初代は小夜子のように小説のモデルになったわけではない。映画になったわけでもない。本郷にあったカフェー「エラン」の現役時代は、会津若松から出てきた一介の少女女給に過ぎなかった。大正八年頃、この時はまだ十四歳である。女給というよりも、ミルクホールの姉やといった方が相応しかった。

エランにたまたま顔を見せた一高生の一人が、川端康成であった。どことなく影のある初代の姿を、川端の大きな目はくっきりと捉えた。二年後、初代が養女に行った岐阜を訪ね、長良川のほとりの宿で求婚する。川端の一目惚れであった。男は東大生で二十二歳、女は十六歳であった。

応諾の返事をもらって手紙のやり取りが始まった。だが二ヶ月ほどたって、初代から結婚はできなくなったという手紙をもらう。理由はただ、非常のため、とあるだけだった。川端康成の研究者が注目する失恋事件である。

初代は養家を出て上京し、女給暮らしにもどった。今度は浅草のカフェー「聚楽」の女給となった。昭和の初めである。聚楽にはその頃、動坂の「紅録」から移った佐多稲子（当時は窪川イネ子）もいた。おそらく二人の勤務時期は重なっていたと思われる。

聚楽時代を題材にした佐多の「レストラン・洛陽」には、夏江という子持ち女給が出てくる。夏江はパトロンと口喧嘩したり、客と大笑いしたり、高価な大島の着物を同僚にみせたりする活発な女として描かれている。

川端研究者の間では、この夏江こそ初代をモデルにしたものとされている。エランの時から十年が経過し、二十代半ばになった初代は世の空気を吸って成長したのであろう。「レストラン・洛陽」にはいろいろな女給が登場する。川端はこの作を激賞した。しかし聚楽には足を運ばなかったようである。夏江とは初代がモデルであることを知らなかったらしい。

第8章 ❖ 爛熟の陰影／エロ、出銭、女給税

テロリスト小沼正の回想

カフェーがあふれた時代は、またテロリストが現れた時でもあった。大蔵大臣、日銀総裁であった井上準之助を殺害した小沼正（おぬましょう）もその一人である。

小沼は昭和初期に銀座扇亀染物屋の店員であった。染物の見本を持って営業に廻るわけである。得意先の一つがカフェーであった。女給たちはひと月毎に新しい着物を注文した。しかもカフェー店をあちこち変わるから、その都度仕事が入りお得意は増える。小沼はまだ二十歳前だったが商売は上手く、女給たちから正どん、正どんと呼ばれて人気があった。山の手の奥方は正どんを気に入り、座敷に上げて御馳走したうえ風呂にまでいれてくれた。一介の店員に過ぎなかったが、小沼を番頭さんと思っていた客もあったくらいである。

銀座というところは、茨城出の青年にとってはまるで別天地であった。第一、夜の明るさが違う。また町の香りが違う。歩く人間の風体が違う。カフェー廻りをしながらも、この青年は決してカフェーに溺れはしなかった。それは、故郷で自分の受けた教育と合わなかったためで

もある。後に小沼は上申書のなかでこう述べている。

「銀座のエロ、グロ、カフェー街、新橋、築地の三業界それから不景気はどこ？　と云ふた顔した山手方面の上流社会、と、喰ふに職なく、流浪生活して居るルンペン諸君、働けども働けどもあたへられる物は借金の世界、ストライキ、共産党問題、大工場の休業、失業者の群、此等は東京で如実に見せられた世界である」（『現代史資料（５）』）

富める者は富み、貧しい者は一日の暮らしにも困るという二極分化が社会にはあった。いつの時代でもあることである。ただ小沼の眼には、ことにカフェーの増大が社会の堕落を象徴しているように見えたのかもしれない。

大阪、東京でカフェー規制の動き

昭和四年七月のこと、大阪商工会議所は一つの建議書を府警察部に出した。村島帰之の『カフヱー：歓楽の王宮』によれば、その内容は次のようなものだった。

一、商工業区域での醜悪なカフェーの濫発の防止。

一、カフェーの営業時間制限、女給の風紀取締り。

一、アルコール度数十六度以上の酒類禁止。

会議所は〝醜悪〟と表現したが、カフェーが市内繁華街を中心に増えている実態がうかがえる。こうした新しい場所は、不良少年少女の溜り場となりやすい。大阪曽根崎周辺を活動場所にしていたのが骸骨団である。感心（？）したことに、団歌まで作って肩で風をきっていた。彼らの根本には家庭環境があるのだが放置しては置けない問題であった。

会議所を動かした最も大きな力は、どうやら芸妓衆を束ねる花柳界であったらしい。女給攻勢に押され気味であったため、商工会議所にねじ込んだというわけである。会議所は花柳界最大の贔屓（ひいき）であった。

話を耳にしたカフェー側の対応は速かった。自ら襟を正すとして規制策を講じたのである。内容は大要次のようである。

一、淫蕩気分を挑発する服装の厳禁。各店に風紀係を置くこと。

一、女給の早引き、客との外出禁止、店頭での誘引禁止。

一、店内の光度規制。

一、営業時間は原則として午前一時までとする。

一、開業地は学校、教会附近は制限すること。

規制策の傍ら、業者は店の入り口に〝商工会議所会員は入場お断り〟の看板を掲げて対抗した。

時を同じくして東京でもカフェー論議が巻き起こっていた。しかし帝都のそれは東京商工会議所ではなく、治安を守る総本山の警視庁であった。

鬼の異名をとる丸山鶴吉総監の号令一下、やりたい放題のカフェー店を正すべく、秘かに策が練られていた。九月になって成案を得、管下全警察署に規制措置が配布された。以下内容である。

一、店舗の周囲百メートル以内に学校がある場合は出店禁止。

二、店舗内では、（イ）別室または隔壁を設けてはならない（ロ）客用の浴槽また舞台を

設けてはならない（ハ）照明が著しく暗い場合は改造を命じ、または不許可とする
三、営業時間は午後十二時までとする。
四、客の誘引、女給の同伴外出、飲食物等の押し売り等、全て禁止する。

（酒井真人『カフヱ通』）

おおよそだが、大阪のカフェー業者が打ち出した自粛策と似通っている。主とするところは、暗い場所や区切られた席をなくすことによって、わいせつ行為を無くすことにあった。浴槽を禁止したということは、実際にあったということであり、驚きである。まるで旅館並である。また押し売りを採り上げたのは、大正期のカフェー誕生以来の悪しき営業方法であったことを物語っている。

大阪府警察部も、十月初めになってカフェー営業に関する臨時警察命令を出した。中身は東京と同じだが、ことに飲食物の定価表を必ず客席に掲示することを強調している。傑作（？）なのは、「女給の芸妓類似行為の禁止」というものである。芸妓は当然客に対して芸を披露する。女給は芸をみせる仕事ではないというのである。だから客の前で、民謡や歌謡曲を下手な声で歌っても駄目というのだから笑ってしまうが、花柳界から強硬な申し入れでもあったのだろうか。規制を受けても大阪のカフェー業者は積極的であった。翌年になって東京へ進出するのである。

大阪カフェーの銀座進出とエロサービス

「はる子さあん、お客様でっせえ、テーブルご案内」

カフェー「銀座会館」
（中央区京橋図書館）

入口でボーイの声が響いた。はる子と呼ばれた女給が現れて、客に腕をからませて奥に誘った。ここは東京銀座西二丁目のカフェー「銀座会館」。かの榎本正率いる「赤玉」の東京店である。こちらの店では客が来るたびにこんな声が流れる。大阪流の呼び上げ方式なのである。まず客に女の名を覚えてもらおうというわけだ。

大阪カフェーの銀座進出は、昭和五年になって女給五十人を従えた「美人座」が最初といわれる。次いで「日輪」、「銀座会館」で、いずれも女給七十人から八十人という豪華さであった。日輪では民政組、政友組の二つに分け、浜口雄子、犬養つよ子という女給までそろえた。政党内閣を真似たもので議会カフェーと呼ばれた。

大阪カフェーの経営は実用本位である。銀座会館では女給全員を寄宿舎に住まわせた。同店では二ヶ月に一度、道頓堀の赤玉と女給の交代を行う。これは客との深い関係を避ける意味があるが、客を引きつける狙いもあった。というのは、東京の客が大阪に行っても、大阪の客が東京に出張してきても、馴染みの女給を見つけることができるからである。東西の女給について、村島帰之は評している。

「東京の女給と客の間には相当の距離を存するが、大阪のそれには殆んど距離がない。東京の女給がツーンと澄してゐると批難されるのもそのためだ。大阪の女給は、親しみ易く、口説き易いと評する者のあるのもそのためだ」

カフェー日輪は、女給と言わず〝美給〟と自慢した。彼女ら大阪美給のサービスこそエロである。

一体カフェーで女給はどんな接待をするのであろうか。今さら何をかいわんやだが、まず客の隣に座る。これを侍ると称する。侍って酌をする。己も飲むであろう。あれこれ話をしながら、女給は流し目を送ったり憂い気に俯いたり、さまざまの表情を見せる。これを科と称する。やがて客と女給はダンスでもということになり、レコードに合わせてにわか踊りとなる。時至れば衝立の奥の席へ移動し二人は密着する（衝立の類は禁止となった）。こうした伝統的接待法に新しい手法が加わった。

ウルトラ、クッション、マッサージ、ネッキング、ポケット、タックル、すべりこみ。これらは別にプロレス技ではない。全てカフェーでのサービス行為なのである。それも大阪カフェーがあみ出した桃色遊戯―エロものであった。客が女給にするのか、その反対かわからないが奇抜な名称をつけたものである。

サービス名が載ったのは『国民新聞』（昭和七年八月二十八日）だが、中身については憚られ

銀座会館の女給（『アサヒグラフ』）

たか説明はない。当時の新聞や評論、書籍はエロ、エロと騒ぎ立てているが、その中身は秘中の秘なのか書いてあるのを眼にしないのである。

筆者が具体的記述に接したのは一つだけだった。オルガンサービスなるものである。一人の女給が数人の膝の上に横たわる。客は下になった女体の、好むところをいじるわけである。いじる場所によって女がさまざまな声を出すという趣向である。女はノーズロースで、これが最大のポイントだったかもしれない。しかし、着物時代は腰巻きであったから、ノーズロースといっても当時の男にとっては普通のことであったろう。

エロサービスの影響はことに銀座の裏通りに浸透し、銀座の裏町は銀座玉ノ井と呼ばれた。その端的な表れがエロであったということだ。享楽、爛熟時代の到来である。

ここで筆者は首を傾げざるを得ない。警視庁管下の警察署はエロを野放しにしていたのかということである。東京では大阪に先んじてカフェー取締り規則を作ったはずである。このなかで、いかがわしい行為を防ぐため別室や隔壁を設けることを禁じていた。営業時間は東京も大阪も同じで午後十二時までである。こうした規制のもとで果してエロサービスができたのだろうか。無論過剰なサービスにも眼を光らせ違法が見つかれば踏み込んだだろう。しかしエロを取り締まる新たな策は採らなかった。思うに大阪エロの流行は、取締り当局の手に余る勢いで拡がったという他ない。

春は錦紗で夏は明石

昭和六年のカフェー街には「女給の唄」が流れていた。その一番の歌詞に、〝赤い口紅　錦紗のたもと〃とあった。この錦紗とは、豪華な着物の一種である。

大阪の赤玉が女給達の正装として着だしたことは前章で述べた。錦紗の前までは、東西を問わず銘仙の着物が多かったという。銘仙といえば、伊勢崎銘仙、秩父銘仙が知られている。ことに伊勢崎銘仙は、大正から昭和の初期にかけて全国の女たちが袖を通した。女給らは、この手頃な銘仙に白いエプロンを胸高に結び給仕に精を出したのである。それが一時期までの正装であったといってよい。

大阪の女給は銘仙全盛の時にこれを脱ぎ捨て、より高級な新しい衣装を求めた。錦紗である。絹物で縮緬の一種だが、しぼ（表面の凹凸状のシワ）の細かい薄地の縮緬を錦紗という。裏に金糸、銀糸を用いてさまざまな文様を縫う。文様が半透明な紗を通して浮かび上がるわけで、まことに美しいことが想像できる。正絹であるから銘仙よりは高級である。

昭和六年は錦紗の流行り年であったらしく、素材である縮緬、特に丹後縮緬には注文が殺到したと云われる。錦紗はしぼの細かさが優美さを引き立たせた。紗という字がついているが夏物ではない。春と秋ものなのである。現在では見られない伝説的な着物となっている。

明石とは明石縮みである。縮みであるから夏物であ

明石（左）と錦沙（右）（ともに柄澤昌雄氏所蔵）

り、粋な縦しぼが特徴となっている。普通縮みは麻を用いるが、明石は絹物である。明石というように、起こりは江戸時代の始めに播州明石で織られた。その後生産地は小倉に移り、明治以降は西陣や新潟の十日町、小千谷でも織られるようになった。有名な小千谷縮みの産地である小千谷でも明石縮みが出現したわけである。

大阪の女給たちが錦紗、明石を着たのは、経営者の榎本正の発案もあったが、大阪女たちの自己主張でもあろう。豪華なもの、粋を求めたと考えられる。そしてエプロンは要らざるものとしてさらりと外した。前掛けも取った。これには重要な意味があったのである。エプロン、前掛けは労働着である。配膳、片付けの際に着物が汚れるのを防ぐためだ。今だって普通にみられる。

それまでの女給は、出勤するとテーブル、椅子を整え食器をきれいに磨いた。客が来れば注文を取り飲食を運ぶ。客が帰る時には清算し閉店後は掃除をした。当たり前の仕事であり女給自身も疑問を抱かなかった。それがある時から意識が変わったのである。

〝私たちはお客さまに楽しんでいただかなくてはならない〟

〝私たちはお運びさんではない〟

〝私たちは掃除やさんではない〟

〝私たちは女給なのだ〟

女給とは接待専門の仕事であるという自己宣言であった。前章でも述べたように、女給という職業確立の証しでもあった。以後、配膳や掃除などはボーイの仕事となった。意識の変化は職業宣言とも言える。昭和五年から六年にかけて、女給という名前は固有名詞化したと書いた。

大阪女給の功績と言ってよいであろう。

チップのピンハネを警察が禁止

東京と大阪の警察が出した規制のなかには、一般には耳慣れない項目があった。出銭（でせん）の禁止である。大阪は単に規則と言っていたが、内容は同じことなので出銭という言葉でみることにする。〝出銭〟とは何か。

これは女給がもらうチップのピンハネなのである。名目はいろいろあるが、女給から一定の額を徴収するのである。やり方はさまざまで、簡単なのは一人あたり一日十銭から五十銭を取る。流行っているカフェーだと女給のチップ額は多くなるので出銭も高くなる。チップの一割乃至は二割という具合だ。

理由は何かというと、今日でいうレジャー費の積み立てや雑費名目、それにコックの賃金である。コックは女給に対して力があった。コックの機嫌を損ねると女給は仕事ができない。客の注文を告げても料理をしないのである。怒って客が帰るとやっと出来上がり、負担は女給がせねばならない。こうした裏があるのでチップからコックの賃金を出していたのであろう。

一方月給制のカフェーでは、チップは全部帳場にまず一旦収める。そして月一回か二回給料のなかに入れて支払うのである。これは賞与にも充てられる。

以上は全てピンハネとは言えないが、次のような名目となると疑問符が付いてくる。コックの割烹着の洗濯代、テーブルクロスの洗濯代、テーブルの挿花代、店で出すマッチ代、女給の衣装代である。衣装代はかなり高く取る場合が多く、マッチ代を何故女給が負担しなければならないのかわからない。住み込みの場合、布団代を高く徴収する店もみられた。こうした名目で取られるのが出銭である。カフェーの慣習であった。

この慣習に対し警察はどうしたか。大阪府警は取締り令、また警視庁は禁止したのであった。

「女給よりいはゆる罰金その他名義の如何を問はず金銭物品の徴収を禁ず」（大阪）

「雇人より出銭其他名称の如何を問はず金品を徴収しないこと」（東京）

東西共に同じ判断を下した。これは不当に女給の収入を収奪しているという解釈であった。中身によっては名目の立つものもあるが、多くはあやふやだというわけである。

これは実に真っ当な判断であった。従業員である女給自身の要求ではなかったが、上からの悪弊是正であった。これにより彼女らは、客からのチップを完全に懐に入れることができるようになった。

女給たちは諸手を挙げて歓迎した。困ったのは経営者であった。店の売り上げは客の注文する飲食が主だが、出銭もかなりの額に上っていたからである。カフェーの経営ができなくなると嘆く経営者もいたらしい。彼らが窮余の策として考えたのは、出銭は止めるが食費を取るという代替策であった。これとても一部の店では取り入れていたものであったが、多くのカフェーで導入されることになった。

女給税をめぐる騒動

出銭禁止は女給にとって福音であった。ところが、これを帳消しにする事態がもちあがったのである。女給から税金を取ろうという地方自治体の動きであった。

昭和四年八月七日の『東京朝日新聞』は、税収難の東京市が新たに女給雇用税を検討していると報道した。それによると課税の根拠は、カフェーのなかには営業以外の収益を得ている店があるからということであった。即ち出銭による収入を問題としたのである。

税金の内容は、カフェー規模を一等、二等、三等に分け、それぞれ女給一人あたり月五円、三円、二円を徴収するという。一等十八軒三七〇名、二等八十二軒五五五名、三等は一五四四軒四六三三名が対象になると朝日は報じている。

全国の道府県中およそ六割はこうした税金はとっていない。地方税であるから自治体により差が出てくるのであり、東京は税収不足に陥ったため女給税創設に踏みきったのである。

これに対し業者側は当然反発した。カフェー代表三十五名は東京市の助役を訪ねて反対陳情を行った。ちょうど内閣が政友会から民政党に変わった時であった。総理はライオン宰相浜口雄幸で、緊縮政策を国策に掲げていた。これをとらえて業者は、市の新税創設は政府の政策に逆行していると攻撃したのであった。

しかし東京市は新税を断念したわけではなく、堀切善次郎市長は財政難を理由に粘り強く業者側を説得した。以後二年間の間、女給税をめぐる騒動が続いた。

女給に税金を課すということは、その仕事である接待行為について担税能力ありと判断したことを意味する。実際の納税は、女給のチップから毎月いくらかの金を徴収し営業者が市に収めることになる。女給は金を取られ、店の方も、自分たちの売り上げの一部だった金を差し出すことになる。だから両者は利害一致で反対である。

基本的に女給のチップがそんなに多いかという問題がある。反対論はそこに集中した。反対論者は比較として家屋税（固定資産税）を挙げた。昭和四年の一戸平均で年額四円である（『税』昭和四年八月号）。ところが女給税たるや、朝日の記事による最低限の金額でも年二十四円になる。家屋税の六倍である。これは反人道的行為であると主張したのである。

二年間のスッタモンダのあげく、昭和六年になって結論が出た。

「女給税ハ料理店、飲食店中カフエー、バートシテ営業取締ヲ受クル営業者ニシテ客ノ接待ヲ為ス婦女ヲ置ク者ニ之ヲ賦課ス」

女給四人以下のカフェーは外された。税額は定かでない。

日独平行現象

銀座の観察者である安藤更生ははっきり言っている。

「私は大阪が嫌ひである。其処には何もない。あるものはエロと金ばかりだ。こんな文化が文化なら、我等は一日も早くブチ壊してしまはなければならぬ」（『銀座細見』）

東京人の悲憤慷慨ぶりがよく現れている。東京のカフェーにもエロはあったろうが、大阪の客を喜ばす実用主義が帝都を席巻した。爛熟時代と言ってよいであろう。

ここで不思議な同時進行現象に気づく。ある文化が、異なる国で同時期に平行して表れるものだ。眼をドイツに向けてみるとわかる。ナチスが政権を取る前のドイツには、黄金の二十年代と呼ばれる時期があった。映画、音楽、演劇、建築で斬新なアイデア、作品が生れた。マレーネ・ディートリッヒの映画『嘆きの天使』、ブレヒトの芝居『三文オペラ』はそれらの代表であろう。芸術家たちが昼も夜も集（つど）った場所、それがベルリンのカフェーであった。

そこでは日本と異なり、女給という存在はほとんど注目されなかったようである。男性的風貌の名物女将、客の良否を見分ける名物ドアマン、新聞に精通した名物ボーイがいた。特に老齢の名物給仕がいて常連客の動向を全て知っていた。誰もが彼に給仕をしてもらいたがった。彼の八十歳の誕生日には、大統領を務めたエーベルトまで来たとあって、ますます名声を高めた。実際、大統領とは俳優の扮装だったのだが、誰もがエーベルトだと信じて疑わなかったという。

大庭柯公が言ったようにヨーロッパでは給仕というのは男なのである。しかも彼らは内外の事情に明るい通人であった。一九三三年（昭和八年）は彼の国でも我が国でも爛熟の絶頂にあったと言えよう。同年ナチスが政権を取った。日本では前年に政党内閣が消えていた。

女給小史⑤　女給の告白

昭和七年一月の『女給生活の新研究』には、食堂に勤める女給の話が出てくる。生の男の本性や女給の一端が現れている。

Ａ食堂Ｈ子の告白

「とにかく　此んな所に　永い間ゐると　男の心なんて云ふものが　よう分つて　誰が結婚なんか　するもんかと云ふ気に　知らん間になつてしまふやわ私が　此の店へはいる前に見てゐた　男といふもんと　今　此處で見る　一家の妻の夫といふもんが　まるで雲泥の差や　ねんもん　会社の用事やとか急用やとか云ふて　十二時や　一時頃まで夜更ししといて　家に帰ると　まるで苦虫を　噛み潰したやうな　顔をして　奥様に八ツ當りする

人が　此處に　ゐる間は　私等を相手に　顔の赤うなるやうな話をして　可愛がるんよそ
の可愛がりやうといふたら　無茶苦茶で　お金は撒き散らすし　だらしのない事　いふたら
　あれへん」

N食堂〇〇子の談話

「チップの額ですか、それは場所や女給さんに依つて違ひますが、まあ普通で月に三十円位でせうね。月に三百円もある人があると仰しやるの？　そりやありますわ。デモそんな人は普通の人では出来ない事をするのでせう。え、それですか。それは先ず一と口に云へば容貌がよくて、腕があつて、幾人かの自分を張りに来るおなじみさんを持つてゐますわ。そんなお客になりますとお金なんかちツとも惜しみませんわ、一度に五円でも十円でも置きますのよ。そうするには？　無論ボックスかなんかへつれ込んで百パーセントのサーヴヰスをやるのでせう。其の中にまあお客の方からどうだ温泉へでも出掛けやうとか何とか持ちかけますね。そうすると、あたし外出着がないのよ、困つたわ買つてくれないとこんな風に切り出します。で早速三越か白木屋に行つて、上から下まで全部で百円でも二百円でも気張つて呉れるのですよ」

第9章 ❖ 花開くガールの群れ／花の尖端職業

パラシュートガール現わる

昭和六年の弥生六日、千葉県の津田沼飛行場には多くの人が集まっていた。それはこの日、十九歳の一乙女が落下傘で空を舞い降りるというからである。乙女は宮森美代子という、空に情熱を傾ける娘である。新聞記事はこう伝える。

「美代子さんは降下洋服に身をかためパラシュートを身につけ、平然としてほほ笑みながら午後零時歓呼の声に送られて機上の人となり、同五分飛行機が機首を横にすると見るや中空にうかび出た斯で降下、十メートル程でパット開いたパラシュートは折柄の薄陽をあびながら和風にユラ〳〵と一分間ばかりフアフアしたのち、飛行場を約一千メートル離れた海岸の砂地に降りた」（『小樽新聞』三月八日、読点を適当に補った）

美代子さんはパラシュートガールと呼ばれ、この後も各種の航空祭で妙技を披露した。このニュースは、当時としては破天荒な女性出現として評判になった。これぞモダンガールと言えよう。

当時はこうした傾向を、先端ならぬ「尖端」という語を用いた。そして昭和の初めは、何々ガールという新しい職業が登場した時でもあった。女給の増加に刺激されたのかどうか、いろいろな分野に女性は飛び出していったのである。どんなガールが誕生したのか眺めてみることにする。

マニキュアガールはいまのネイルアーティスト

「美爪術は益々その限界を広めて参りまして専門の美爪術家の出現も程近い事であろうと思はれるのであります」

今も東京六本木にあるハリウッド美容室の創業者メイ・牛山は、昭和三年の著書『近代　美しき粧ひ』のなかでこう述べている。美爪術（びつめじゅつ）という古い言葉はもはや使われないが、実はこれはマニキュアのことを指しているのである。

三越デパートが発行する、その名も『三越』という雑誌がある。昭和二年九月号を見ると、マニキュアセットの広告が出ている。いずれも舶来物で、アメリカ製品は二十八円、高価なドイツ製品は何と四十円もする。女給の平均月収並みである。安くてもドイツ製の十八円だ。だから昭和初期の婦人物としては大変な贅沢品と言える。

だが、ハリウッド美容院ならずとも美爪は施すことができた。美容師のなかに混じって、マニキュアガールが登場したからである。彼女たちは大体二十歳前で、美容院で三ヶ月間に亙り技術を習得する。ヤスリで爪をカットし、石鹸で洗い蒸しタオルで温め、エナメルで艶を出し

マニキュアガール（『アサヒグラフ』）

最後に紅をつけるのである。

爪という小さな場所を相手とするだけに、手先が器用で注意深いこと、丁寧なことができなければならない。平均月収は三十円という。このマニキュアガールが、今日ではネイルアーティストと名を変え活躍していることは周知の通りである。

ガソリンガール目当てに客が集まる

昭和三年の春三月のある日のことである。東京の日比谷公園際にある自動車給油所には、朝からひっきりなしにガソリンを入れる車が相次いだ。なかにはナッシュの車に注油した運転手が、今度はパッカードに乗ってきて何ガロンと注文して出ていく。

給油所はゼネラル会社の売店だったが、運転手たちの興味を惹いたわけは、売り子のなかに若い女性がいたからである。愛想のいい娘が応対するから客が集まる、売り上げは伸びるで、会社はホクホク顔であったろう。この女性、誰が名付けたかガソリンガールと呼ばれた。

昭和になって国産車こそないものの、町には自動車が確実に増えだした。この傾向をとらえてゼネラル、日石、ライジングサンといった石油会社は、給油所に女性従業員を採用した。明るい性格で、計算が速い、それで美貌ならばなお良しというわけで各店に配置したのである。

狙いは当然客寄せである。募集に当たっては、「自動車時代の新職業」とでもいった宣伝文句を使ったかもしれない。まさに自動車が行き交う都会的な尖端職業といえた。昭和八年頃で東京市内には六百名くらいのガソリンガールが働いていたという。月収は四十から五十円であった。

エアーガールはいまのキャビンアテンダント

日本語にすれば、空中娘あるいは空気娘とでもなろうか。何とも珍妙な名前だが、これは今日でいう航空会社の女性社員のことなのである。今日ならスチュワーデスことキャビンアテンダントとなろう。

昭和六年四月一日に、東京航空輸送会社で三人のエアーガールが採用された。この三人は飛行機に乗りこみ旅客の世話をする仕事で、キャビンアテンダントの第一号である。

東京航空輸送は昭和三年九月から営業を始めた航空会社の老舗で、東京から伊豆の伊東、下田や沼津、清水といった近距離空路を飛んでいた。その清水までの空路に三人は搭乗した。仕事はお茶の接待、案内で今と変わらないが、空の時代を告げる最尖端職業だったはずである。

しかしいつの間にか姿を消した。機内サービスは必要ないという会社の判断だったとも、エアーガールの給料が安かったからだともいわれる。

しかしエアーガールは地上に勤務を移して生き残った。日本航空輸送会社（昭和四年四月営業開始）は、昭和十二年以降各飛行場に二名の女子従業員を置いた。彼女らもエアーガールと呼ばれた。

仕事は旅客の乗降案内、切符の改札である。日本航空輸送は三十三機を保有し、大阪や福岡の他、朝鮮各地、満洲の大連まで飛んだ。彼女等の応募資格は高等女学校卒業であること、なるべく職業を持った経験のないことであった。世間ずれのしていない清純な乙女を求めていたということだろう。搭乗勤務のエアーガールが復活するのは、昭和二十年代後半のことになる。

エレベーターガールの最初は上野松坂屋

昭和四年四月一日、大震災で壊滅した松坂屋が上野広小路に新たな装いでオープンした。地上八階地下一階のデパートでは、六代目菊五郎の御披露目舞踊が行われ、連日多くの買い物客が押し寄せた。そのため巡査が整理に動員されたほどである。

何から何まで最新の設備と贅を凝らした造りであったが、そこで働く人間にもニューフェイスが登場した。新装松坂屋を紹介した当時の雑誌には次のように書かれている。

「エレベーター、ボーイに女を使用したことも上野松坂屋が始めてで接客に対する良い感じを與へている」（『実業時代』昭和四年五月号）

それまではどうやらエレベーターの操作は男だったらしい。松坂屋では女性に門戸を開いたわけである。では彼女たちは、黎明期のカフェーと同じく女ボーイと呼ばれたのか。否、時代は進歩していた。エレベーターガールとしてお目見えしたのである。

松坂屋には十九台のエレベーターが設置されていた。開店当初からその全てに女性が勤務したかどうかはわからないが、ともかくエレベーターガールの存在は目を引いたであろう。二十歳前後の娘たちであるからなおさらである。

松坂屋に倣って他のデパートも追随した。そうなるとあそこのエレベーターにはどういうガール、こちらのデパートにはこういうガールという評判が立つようになる。先陣を切った上野松坂屋のエレベーターガールは雑誌で紹介された。

「一条里子　彼女は今年十九歳、浅草育ちの娘さんである。中肉中背の、割りに温和しい感じのする女で、人当たりも普通、無難と云つた評判である。

野田鈴子　彼女は下谷の鳶の娘さんである。だから生粋の江戸前である。モダン振りもばりばりしてゐて気持が好い。年は十八だが身体はもうすっかり成熟してゐて、少し鋭い嫌ひがないでもないが、美貌の持主である」（『人の噂』昭和六年五月号）

平凡な内容だが、ジャーナリズムの関心を呼んだことは確かであった。ガールの平均月収は三十円前後である。

スピーカーガールは売り場のアナウンサー

今でもデパートへ行くと、忘れものや計算違いなどで該当客を呼びだす放送が流れている。ひと頃までは迷子の親捜しが多かったが、今日では耳にすることが少なくなった。子供にもスマートフォンを持たせているからだろうか。

デパートでの店内放送は昭和の初めに始まった。声を資本とした新しい職業、それがスピーカーガールである。採用されるには何といっても声がはっきりしていることだ。それに訛りがあってはいけない。

顔が見えないから容貌は関係ないかというとそうでもない。「デパートなどでは客に接する場合も相当多いので容貌も餘リ感じの悪くないのが採用条件となって居る」（『女子新職業読本』）。これは例えば、迷子を引き取りに来た親と顔を合わせる場合もあることを想定していると思われる。

放送局（当時はラジオ放送）のアナウンサーこそ声が資本に違いないが、スピーカーガールは司会やニュースを読むといった専門性を有しない。だから平凡な娘でも条件さえクリアーすれば採用のチャンスはある。売り場のアナウンサーと言ってよいだろう。最初のうちは日給で八十銭位である。

ポストガールは当時のデパートの「伝言板」

昭和五年の師走、銀座三越デパートの前に一人の洋装女性が立っていた。スカートの裾には「ＰＯＳＴ・Ｓ」と鮮やかな文字が目立つ。どうやらデパート客ではないらしい。

コートを着た紳士が彼女に近づいて何やらささやいた。女性はにっこりして一枚のペーパーを渡した。紳士はそれに何やら書き込むと女性に手渡して去った。今度は断髪のモダンガールがやってきて紙片に何やら書き込む。受け取った彼女は紳士の分と一緒に箱に入れた。ＰＯＳＴ・Ｓとはポストサービスのことであり、この日はポストガールの初仕事であった。

かって鉄道の駅には伝言板という黒板があった。家族や友人にメッセージを伝えるものである。筆者は利用したことはないが、何かあったら伝言板を見るようにと予め決めておくのであろう。ポストガールとは伝言板の役目を果たすものである。その仕事は次のようになる。

「所定の街頭に備えられた縦六寸横一尺余の折畳式の桐箱に、用紙に用件を書いた紙片を渡しておくと傍についてゐるポストガールは、掲示紙に受取人の姓名、依頼人からの受取時間、渡した時間、受取人のサイン蘭を設けて、手紙を受取りに来る人を待つといった趣向—、料金は受取人差出人両方から五銭宛、先拂は金十銭、営業時間は午前十一時から午後六時まで」（『民政』昭和六年一月号）

ポストガールは駅ではなく、有名デパートを中心に十ヶ所に自らをポストにみたてて利用客を待つのである。収入は日収で六七十銭から一円二三十銭である。

スヰートガールは森永製菓の看板ガール

スヰートとは甘いという意味である（ヰは現代仮名遣いではイであるが当時の表記に従う）。この場合の甘いとは食物のことで菓子類を指している。だからスヰートガールはお菓子娘となるが、これは製菓会社の特別な従業員であった。『森永五十五年史』にはこう書かれている。

「昭和の始めごろ出現したマネキンガールにヒントを得て、スヰートガールを創設したのは昭和七年春であった。『円満厳格な家庭に生まれ、健康で明朗、肉体美と音声美を備へ』などの条件で採用したが、当時の新聞紙は先端的近代女性としてふさはしい条件三十一条を見事パスした『お菓子を通じて社交界の麗人』と報じた」

すなわちこのガールは、ミルクキャラメルでおなじみの森永製菓従業員なのである。ではその役割は何かといえば、お菓子や乳製品の専門家として消費者の相談、アドバイザーとなることである。昭和七年には応募者六百名中十名を採用したが、彼女らには三ヶ月間の研修が課せられた。森永製品の基礎知識から始まって、食品科学、栄養学、販売術、児童心理に至るまで勉強する。キャラメル、キャンデー、チョコレートのお得意さんは主として子供であ

スヰートガール（『森永五十五年史』）

るから、児童心理まで心得ておくのが必要なのだろう。

社史に〝肉体美と音声美〟とあるが、肉体美はわかるが音声美とは何だろうか。きれいな声で、よくわかる話し方とでも言えようか。スキートガールは単なる売り子を超えた森永の看板ガールであった。それだけに給料は高く、初任給は月四十円で優秀なガールになると百五十円も珍しくなかった。

マネキンガールはファッションモデルの先駆

一挙に咲いたかのような職業ガールのなかで、このマネキンガールほど華やかだったものはなかったであろう。

その始まりは昭和三年の三月に、東京上野公園で開かれた天皇御即位記念博覧会であった。これは国産品振興を目的としたものでもあったらしい。百貨店協会では特設館を設けて呉服を出品した。こういう場合はマネキン人形に売り出しの呉服を着せる。その高島屋の陳列場で人々の間からどよめきが起こった。人形の一つが動き出したのである。立ったり座ったり歩き出したりした。ぜんまい仕掛けのマネキンかと思われた。そのうち観覧客に向かって微笑んだ。それもそのはず、正真正銘の女性だったのである。一人が生きたマネキンとなっていたのだ。

一人の女だと誰もが思わなかったというのは、当時は動かぬ人

マネキンガール花子さん（『新版大東京案内』）

形に衣服をつけて顧客に供していたからである。生身の人間には着せなかった。そういう発想自体がなかった。無論写真はあったであろうが、直接人に見せる場合はマネキン人形を使ったのである。だから特設館に出演した女性は画期的な人物ということになる。この人は花子さんといって専門のモデルであった。花子さんを出演させたのは、山野千枝子という美容家である。

後に日本美容界の大御所となる山野千枝子は、昭和の初めにニューヨークを視察し、彼の地でファッシンショーに深く惹きこまれた。山野は自著のなかで述べている。「そこで日本にも欧米式の生きた人間によるモデルを登場させ、躍動する女性美を創りだして、広く一般に展示してみようという意欲が烈しく私の胸の中に燃え上ってきました」(『光を求めて—美容と共に三十五年—』)。

この具体化の第一歩が高島屋の試みであったのだ。更に十一月になって、丸ビルの呉服店で着物と帯の新作発表会が開かれた。日本初の本格的なファッションショーであり、七名のマネキンガールが登場した。山野は翌年日本マネキン倶楽部を結成するが、たちまち追いかけるように東京マネキン倶楽部もできあがった。

マネキンガールは今日でいうファッションモデルである。美人ぞろいであるところから、幾人かが〝女性美の尖端を行く〟として雑誌記事になった。

「大崎千代子　身長五尺二寸、理智的なひらめきのある女性で、運動は水泳を好み、琴を嗜み、芝居も鑑賞する。上野松坂屋での呉服の仕事が多い。

春山千代子　身長五尺一寸、洋装が似合う女性である。そのためか化粧品の仕事が多い。惜しむらくは彼女は長崎出身で訛りが抜けないことである。高島屋白木屋の仕事が多い。

駒井玲子　身長五尺二寸、和装良し洋装良しの才色兼備で、雑誌の座談会でマネキン理論を披露するインテリである。彼女が新劇を見物していると、男優が舞台袖に椅子を積み上げてその美貌を盗み見した。ところが二人、三人と重なったため椅子もろとも客席に落ちたそうだ」（『人の噂』昭和五年十一月号）

マネキンガールは単なるモデルに止まらず、商品の説明や取り扱い方法なども担当した。つまりトーク技術も必要であった。それによって宣伝商品の売り上げが違ってくるからである。若い美人の実演販売は人気を呼んだ。あちこちの会社から注文が舞い込んだ。彼女らはこの時代の最尖端ガールに躍り出たのである。ガールが現れる場所には老若男女が詰めかけた。それは人気だけではなく収入にも表れている。日本マネキンの場合、当初は衣類を着てポーズをとるだけで一日十円である。日給としては破格であろう。

そのうち「あのマネキンさんを」と個人名で注文が来るようになった。確かに腕のいいマネキンとなると、一日でかなりの販売高を記録するのである。月収百五十円から二百円も珍しくなかった。女にできるなら男もと、マネキンボーイも出現したが、こっちの方は重要が無く線香花火で終わった。

喫茶店ガール

昭和になって多くなったのは喫茶店である。初期の喫茶店として広く知られたのが、明治三十八年銀座に開店した台湾喫茶店である。ウーロン茶の店で、元新橋芸妓の主人と二、三人の娘がいた。一説に、ここで働いた娘たちが女給第一号だという。明治末の新聞求人欄を見ると、早くも次のような広告が出ていることを発見できる。

「女給仕　十四五歳位の少女須田町角喫茶店に於て数名至急雇入る」

明治四十四年三月二十四日、『時事新報』に載った求人広告である。どういう店だったのかはわからないが、喫茶店を称するものが他にもあったことがわかる。けれどその数はわずかであったろうと思われる。

大正期に盛んだった学生相手のミルクホールは、やがて装いを新たにして喫茶店として登場した。店内の造りもメニューもグレードアップしたのである。

流行歌「東京行進曲」の歌詞に、〝シネマ見ましょか　お茶飲みましょか〟とある。お茶飲むところは喫茶店である。別に咽喉がかわいていなくても、おしゃべりをする恰好の場所として適当だったのである。給仕をするのは若い女だが、客席に侍って座談の相手となることはない。純粋の喫茶サービスである。

こうした店は、カフェーが規制され始めた昭和四年以後増え始めた。九年四月二日の『都新聞』は、カフェーのサービスと比較して、「喫茶店時代来る」と題して記事を載せた。

「しかしたとへサービスの如何にお好きなお客でも三年も五年も十年も―殆ど年がら年ン中これをやられてはいささかうンざりせざるを得ぬし、第一に会計の高いこととチップのかさむことは直接懐中に関係を及ぼすことだけにお客達も考えさせられる次第、そして穴倉然たるボックスより硝子張りの明朗な喫茶店を喜び、エロ万能主義より高尚なサービスに心を惹かれ、第一に会計の少いこと、チップのかさまらぬことがお客達を何より安心させて、ミス喫茶の方へお客は傾いてゆくのである」

なかには家族席、婦人席を設けた店もあった。では女給仕は何と呼ばれたのか。カフェーと同じく女給と呼ばれていたが、ガール全盛の波をかぶって喫茶店ガールという名称が広がっていった。

女給小史⑥　加太こうじと喫茶店〝ミチル〟

「荒川区の私が住んでいる尾久の家から、徒歩五分間ぐらいの、尾久と隣町の町屋の境ぐらいのところに純喫茶と名乗る喫茶店〝ミチル〟があった。私はミルクホールへははいったことはあるが、喫茶店の看板がでている店へははいったことはなかった。それで、昭和九年の秋の午後、大人であることをみずから証明しようと思って、せまいちいさい裏街の喫茶店〝ミチル〟のドアをあけて客になった。そのとき、店には昼間なので、ウェイトレス兼レコード係の女給が一人いた。平凡な、小柄な町娘の感じの女給だったが、私に「いらっしゃいませ」と言った。その一言で、私はいっぺんで大人になったような気持ちになった」（加太こうじ『サボテンの花』）

紙芝居作家として名を成した加太こうじは、妻淑子（よしこ）との出会いをこう記している。二人とも十七歳であった。喫茶店とは、加太にとっては大人が入る場所だと感じていたらしい。喫茶店には大別して、純喫茶と新興喫茶あるいは特殊喫茶という二つがあった。違いは、女給が横に座って相手をするかしないかである。つまり接待の有無だが、純喫茶はその名の通りレコードを聴いて、一杯十銭十五銭のコーヒーを飲むところである。女給は客としゃべっても座らない。榎本淑子はミチルにいた三人の女給の一人であった。

ミチルは小さな店だったが、経営者が芸術青年だったのでヨーロッパ風の雰囲気があった。レコードも古典や映画音楽、ジャズからシャンソン、タンゴまでそろっていた。三人は一人がドアガール、一人はレコード担当、もう一人が注文を受け持った。客の多くは近在の二十歳前後の男だった。当時の青年は娘と話す機会があまりない。それで三人娘のミチルへ来たのである。淑子はよく笑う一番の人気女給であった。笑うと何とも言えない愛嬌があふれた。また口調に加太を引き込む特徴があった。それは自分を育ててくれた母、二人の伯母とアクセントが似ていることだった。

「モダンな感じと、西洋の音楽が、私がミチルへ行く主因だった。その上、母や伯母に似た口調で話す淑子がいたので、ミチルは私にとって身近に感じられた」

淑子はやがてミチルから上野の喫茶店へ移った。ここはジャズ喫茶で、彼女はジャズに詳しいことからレコード係として引き抜かれたのである。加太は紙芝居仲間と一緒にミチル通いを続けていたが、むなしい思いで毎日を過ごした。その間、友人の妹と付き合ったが満足しなかった。美人であったがユーモラスなところが少しもなかった。

「その点では淑子は西洋のおかめみたいな顔つきだったし、よく笑った。私は淑子がミチルからどこかへ行ってしまったとき、どの女友達よりも淑子が私にとっては、なくてはならぬ存在だと思った。それゆえ、淑子がミチルへもどってきたときはうれしかった」

淑子の女給生活は、喫茶店と姉が始めたバーを含めて九年間である。十四歳から二十三歳まで、そして昭和十六年に二人は一緒になった。新居は葛飾の金町であり終生変わらなかった。この時から四十一年後に、かってミチルの看板女給淑子は六十四歳の一生を終えた。

第10章 ❖ 国際情報戦の陰で／スパイを支えた女給

秘密のやり取り

「開幕のベルが鳴ってかなり経ってからのことである。長身の外人がひとりゆっくりと入場すると案内された席に静かに腰をおろした。暫く舞台に見入っている風であったが、やがてプログラムを開いた。すると、隣の婦人―これも外人である―が手を伸した。プログラムの裏で男の手と触れる。素早く何やら遣り取りしたらしい。その幕が終ると、この長身の外人はそそくさと席を立ってそのまま姿を消した」（加瀬俊一『外交徒然草』）

婦人の手の内には、男から渡されたかなりの金子（きんす）があった。交換の場所は東京宝塚劇場である。婦人の名はアンナといった。

またある日の昼過ぎ、同じ婦人の姿が海を超えた国際都市上海に見られた。前掲の著者は別の書で次のように描写している。ところは上海パレスホテルである。

「黄色のハンドバックと白手袋がその時のアンナの目印だつた。對手の女は赤いハンドバックと白手袋で現われた。二人は定刻にエレベーターの前で落ち合つて、アンナが手袋を落すと赤いハンドバックの女が拾つて渡した。アンナは礼を言つて、『オット夫人を御存知ですか？』と聞いた。

『ああ、ヘルマ・オット夫人のことですか。それなら存じています』という答えだつた。萬事無電で打合せておいた通りである。そこで、連れ立つて化粧室へ入つて、アンナはフィルムを手渡して、代りに五千ドルを受け取つた」（『歴史の虚実』）

この二話は実話を基にしたものである。アンナとはアンナ・クラウゼンといって、昭和十六年の対米英開戦直前、日本をゆるがせたゾルゲ諜報団の一人マックス・クラウゼンの妻であった。アンナ自身は諜報団の補助役、伝令役に過ぎなかったが、夫のクラウゼンは無線電信を受け持った重要人物であった。諜報団のトップはもちろんゾルゲであり、主要メンバーは日本人尾崎秀実、宮城与徳を含む五人であった。そしてゾルゲの傍らには一人の日本人女性がいた。

銀座ラインゴールド

昭和十年初秋の夕べ、西銀座五丁目の並木通りに面したドイツ料理店「ラインゴールド」は、いつもながらの賑やかさにあふれていた。経営者のドイツ人が馴染みの客とおしゃべりの真最中である。

「店が終わってから、私フラウと一緒に日比谷公園を散歩しました。いい気持ちでいたら後ろから、おいそこの二人ちょっと待て、というんですよ」

「社長、女給と同伴外出はご法度だよ」

「知ってます、知ってます。フラウは私の女房ね。無視してると、おいこら、ちょっと待て、おいこら聞こえんか、ときたね」

「で、どうしたの。巡査とけんかしたかい」

「ナイン、ナイン。私言いました。ポリスさん人違いしてます。私の名前オイコラさんじゃありません。オイコラさん別の人。私銀座のドイツ人」

同席の客と女給たちは笑ったが、一人は更に突っ込んだ。

「社長、ほんとにフラウは奥さんだったのかい」

一瞬言葉に詰まったドイツ人の顔を肴に、テーブルは大爆笑に包まれた。

ユーモアいっぱいの話で客を笑わせたドイツ人は、ラインゴールドの経営者であるヘルムート・ケテルである。昭和の初めにここ並木通りに店を構え、今では日本人に伍して銀座商店街の顔となっていた。

ケテルは第一次大戦の時、ドイツ兵として中国青島におり捕虜となった。元来はソーセージ職人であり、習志野俘虜収容所では賄い方を引き受け、紆余曲折を経て銀座に進出した立志伝中の人物である。

この店の隣にマネキンガール駒井玲子の東京マネキン倶楽部があった。並木通りには電通ビルがあり、外国新聞社の東京支局が入っていた。

「ヴィーゲート　ゲシェフト？　ヘルムート―商売どうヘルムート」

映画俳優かと見紛う外国人が入ってきた。

「なんだ、アウグストか、今行こうと思ってたとこさ」

「君の店もトクインかい。やりにくくなったね」

二人は日本語で話を交わした。

外人客はアウグスト・ローマイヤという。日本にロースハムを定着させたローマイヤその人である。この人物も第一次大戦後の久留米収容所におり、大正十四年に銀座ローマイヤを開業した。

ドイツ人捕虜の貢献は大きい。今のパスコの前身である敷島製パンは、名古屋収容所にいたハインリッヒ・フロイントリーフからパン製造を習った。この技術を基に、盛田善平は大正八年に会社を起こしたのである。さらにバウムクーヘンがある。こちらは青島で菓子店を開いていたカール・ユーハイムが日本に紹介した。彼も大阪俘虜収容所出身である。ユーハイムは、現在横浜と神戸に店を出している。

ケテルは女給たちに声をかけた。

「ちょっと出てくるよ。アグネス、ベルタ、お客さんよろしく」

特殊飲食店とは

昭和七年十月、東京市はそれまで十五区であった区部を倍以上の三十五区に増やした。都市化が周辺部に広がっているための措置であった。

当然カフェーの類も増えており、内務省調査によると昭和八年末では東京府内でカフェー、バーは九七二〇軒、女給数は二万七二六〇名となっている。二年後の十年二月には女給数が三万一二五六名という多きに達した。カフェー業界はこの時がピークであったと思われる。以後は徐々に減っていく。それは一言で言って非常時からくる締めつけであった。東京が都となるのは戦局が激化した昭和十八年七月のことである。

昭和八年一月に特殊飲食店及舞踊場両取締法が成立した。そして直ちに実際の指針となる特殊飲食店営業取締規則がまず警視庁で定められ、管下の各警察署に通達された。ローマイヤがささやいたトクイン―特飲がこれである。

一体この特殊飲食店とは何をいうのかといえば、〝婦女が客席に侍して接待する料理店、飲食店〟を指している。特に新しい趣向の店が出来たから定めたわけではない。これまでの規則を総合化したものと言える。カフェー、バー、喫茶店、場合によってはおでん屋、小料理屋も含まれる。だが基本的には、〝洋風の設備を有する〟店が対象となっているので料亭、待合は除かれる。おでん屋が洋風なのかという疑問が湧くが、実際新橋のそれは範疇に含められ、銀座の店は対象外という例があった。カフェー化したおでん屋があったのである。

取締りの主眼はやはりカフェーである。店内の照明は白色に統一すること、営業時間は午前零時までとすること、舞台や浴槽を設けないこと、ダンス、映画、演芸は禁止、女給との同伴外出禁止でこれまで通りである。浴槽が駄目というのはすでに禁止されていたはずだが、依然残っていたということになる。これら規則は、全て地味に堅実に営業すべしということを意味している。女給は客席四平方メートルにつき一人配置と決められた。およそ一坪に女給さんは一人である。

ラインゴールドはカフェーではないが、レストラン兼酒場であり、建物は当然ながらレンガ造りの洋風であった。入口には客寄せのためか大きな酒樽が置いてあった。酒樽に惹かれて入ったのが永井荷風である。

「女給は十四五名あり。皆独逸の名をつけたり。酒値は日本人のカッフヱーに比すれば、遥にやすく女給も案外おとなしく祝儀を貪らず。銀座辺にては今のところ最居心地好き店なるべし」（『断腸亭日乗』昭和七年十月十二日）

昭和十年の頃も十名ほどの日本人女給を雇用していた。彼女らは注文取り、料理運び、食器の後片づけが主な仕事だが、時には客と同席したらしい。この場合はケテルの指示によるものであったと思われる。外国人の経営だから、外国式に女給はチップ制であり皆多少の外国語を話した。

ラインゴールドには日本外務省職員、ドイツを始めとする各国大使館職員、国会議員らＶＩＰも顔を見せた。そうした上客に対して、教養ある上品な給仕役が必要だったのだろう。そういう意味でも、ラインゴールドはまさに〝特殊〟飲食店と言えたのである。ローマイヤにも喫茶部があったから特飲店であった。荷風の日記にあったように、ケテルは彼女らに、アグネス、ベルタ、イルマ、ドーラという外国名をつけていた。

女給アグネスとゾルゲの出会い

ラインゴールドの化粧室では、開店前のひとときを女給たちが化粧や世間話に費やしていた。

「アグネス、最近彼氏が姿を見せないけど元気なの」

「増田のこと、六高を追い出された身分だから度々は来れないわ。ベルタの旦那さんはどう」

「今は仕事なし、精々あたしがチップ稼ぎをしなきゃあ」

「そうね、先月は百五十円稼いだから今月はもっと頑張るわ」

この二人は同郷、岡山県生まれなので話が合った。月収百五十円とはいい実入りである。客筋が良く外人客が多いためであろう。イルマという女給は某国大使館員を恋人にしていた。外人経営のレストラン、バーは女給志望者の憧れであったに違いない。それだけに採用基準は厳しかったはずだ。アグネスと呼ばれた女給は岡山県倉敷の出身で、本名は石井花子、時には三宅花子とも名乗っていた。

彼女は地元の高等女学校に入ったが三年で中退した。花子は妾腹の子で実父からの送金が途絶えたのである。代わりに産婆看護婦養成所に入って技術を習得した。昭和八年に上京し翌々年にラインゴールドに採用された。同郷のベルタ（本名不詳）がすでに入っており、その紹介であった。

ラインゴールド入店までの二年間はダンサーや喫茶店勤めをした。今日花子の写真が残っているが、目のパッチリとした清々しい愛らしい顔立ちである。多少の外国語も喋れたのでケテルの眼にかなったのであろう。

開店の午前十時となった。するとそれを待ちかねたように、入口に飾ってあるビール樽を押して二人の客が入ってきた。

「まあ何という結構な口明けでしょう。アグネス早く早く、犬養先生に星島先生よ」

リヒアルト・ゾルゲと石井花子
（『愛のすべてを』）

ベルタの声が響いた。犬養健（犬養毅子息、後の法相）と星島二郎（後の衆議院議長）は共に政友会の代議士である。星島二郎は倉敷出身であり、若き日を犬養毅の秘書として過ごした。二人はいわば同県人でありファミリーと言ってもよい間柄であった。

「十月になった。ある晩―それは確か十月四日の晩であった。その夜こそわたしの生涯を決定する序幕となったのであるが……」（石井花子『愛のすべてを：人間ゾルゲ』）

昭和十年十月四日、ラインゴールドに一人のドイツ人客がやってきてケテルと話しこんでいた。料理を運んだ花子はケテルから、今日はこの人の誕生日だと告げられ接待を命じられた。お互いの自己紹介は簡単であった。

「あなた、アグネスですか」

「ハイ、そうです」

「わたし、ゾルゲです」

男は、今日は四十歳の誕生日だと言って花子の年を訊ねた。花子はドイツ語で、「ドライ・ウント・ツバンツィヒ」と答えた。少々サバをよんで二十三歳とした。客人は自分をドイツの新聞記者だと紹介した。母国語で挨拶されたのが気に入ったのか、彼女の愛くるしさに魅せられたのか、ゾルゲと名乗る客人は花子にプレゼントしたいと言った。翌日、ゾルゲは花子にレコード三枚を贈り、ローマイヤで食事をした。男の印象についてはこう書き残している。

「彼の顔は浅黒く、栗色の巻毛だった。秀でた額や高い鼻はたくましく強く、眉毛は上がっていた。瞳は青く、愁わし気でもあったが相手を直視して話す眼光は迫力があった」（前掲書）

今日、リヒアルト・ゾルゲの写真を見ると、確かに顔全体がたくましい。眼光鋭く眉毛は上がっている。そのまま歌舞伎の舞台に出てもおかしくない。尋常の人相ではない。まさしくソ連赤軍の機関員そのものである。だが女から見ると魅力があったらしい。ゾルゲは彼女の姓が三宅であることからミヤコと呼んだ。ミヤコは東中野に母親と二人で住んでいた。

鳥居坂の家でゾルゲと暮らす

昭和十一年の二月二十六日、つまり二・二六事件の日もラインゴールドは開いていた。夜遅くゾルゲはあたふたとやってきてミヤコを呼んだ。そして今日の事態について、一体何が起こったのか、どうなっているのか、どう思うかと矢継ぎ早に質問した。

政府軍部を含めて暗中模索の状態だから、一女給のミヤコにわかるわけがない。外国特派員の立場として藁をもつかむ気持ちであったのだろう。あるいは、普通の国民レベルの意見を聞きたかったのかもしれない。花子は心中、事件は日本の恥辱と思っていたのではっきりしゃべらず、片言のドイツ語で暴力はいけないと答えた。ゾルゲは満足したようにうなずき、自分も暴力は反対だからミヤコとはいい友達になれると言った。

花子が誘われてゾルゲの家を訪ねたのは事件後のことである。場所は、今の地名で言えば麻布十番であった。六本木の鳥居坂下に、かって鳥居坂警察署があり、その隣と言ってもいい場所であった。路地の奥の洋館二階建てである。

二階のベランダに立つと警察署の窓が見えるというふうで、まさにお隣さん同士である。二階のゾルゲの部屋に案内され、レコードを聴きながらチョコレートを食べた。部屋には絨毯が敷いてありベッドが置いてあった。ベッドに座ってモーツアルトを聴いていると、いきなりゾルゲのたくましい胸が押しかぶさってきた。花子自身の言葉によると、「私は越境者になった」のであった。

翌朝六時、玄関が開いて、「旦那さん、朝ですよ」という女声。通い女中の福田とりであった。ゾルゲは一階に降りてぬるま湯で体を洗う。花子も洗えというので、ためらったが意を決して下に降りた。とりは一切合切了解しているという表情で、日本人には冷たいだろうからとガスで温めてくれた。

この福田とりという女性は経歴は不明である。年齢は五十代で英語が堪能である。ゾルゲは午前中はタイプライターで原稿を打ち続けた。打ち疲れると部屋を歩き回ったり、気分転換なのかエキスパンダーをやる。やがて昼食となりゾルゲは昼寝をする。この一時間半の午睡が自分のスタミナ源だという。

眠りから覚めると彼は花子をバイクに乗せて電通ビルに向かった。ゾルゲは第一次大戦従軍の負傷で足に障害が残り、そのためバイクを愛用していたのである。ラインゴールドの前で二人は別れた。

アグネスはラインゴールドに勤めながら、週のうち半分は鳥居坂の家で暮らすようになった。ゾルゲはドイツのフランクフルト新聞東京特派員であり、昭和八年九月に上海から横浜に上陸した。彼は大変な勉強家で古事記や日本書記も外国語訳で読んでいた。政治学のドクターを持つインテリである。花子にも古事記を読むよう薦めたが、彼女の方はドイツ人教師について声楽を学ぶことに熱心であった。

何故このドイツ人に引き寄せられたのか、所詮は男女の仲というほかないが、ラインゴールドという店の雰囲気であろう。西洋への憧れ、西洋人への興味である。

ある時ゾルゲの留守中、花子は机の引出しから幾枚かの写真を出して見ていた。その中に一枚の上品な婦人写真があった。花子はじっと見ているうちに胸が痛くなった。帰宅したゾルゲに問い質すと、ドイツ大使オットーの夫人で自分が撮ったという。微妙な女の心理を覚った男は、写真に眼を落としている花子に向かってこう言った。

「あなた、ヤキモチ焼かなくていいです。少し前、そう、抱きました。今、何でもない。友だちです。奥さん親切、いいできます。わたしバカでない。あなた何うれしい、何うれしくないか知ります。いつでもいいします。そうです！　あなたヤキモチ焼かなくていいです」（石井前掲書）

オットー大使夫人とゾルゲの仲は、大使館内では公然のものであった。だが大使自身、ゾルゲの伝える内外情報に全幅の信頼を置いていたため不問にしていた。

花子はゾルゲの干支が羊であることを思い出した。自分は猪だが、なんとなく親羊と子羊のような感じを覚えた。ゾルゲに対し、親羊のような落ち着いた温かい柔らかさに、限りない愛情を感じたのである。

治安当局の不気味な影と別れ

昭和十二年八月、第二次上海事変をきっかけに日中は全面的な戦闘に突入した。首都南京が陥落しても相手は抵抗を続け、翌十三年に第二の首都とした漢口が落ちても戦争は止まなかった。自然と国内では引き締めムードが高まっていく。

花子は十三年五月にラインゴールドを辞めた。すでに女給生活は三年を超え潮時だったのだろう。この年の夏に若い男が東中野の家へやってきた。男は憲兵の名刺を示し、ゾルゲのことを尋ね始めた。一応の人定尋問を澄ますと、ゾルゲのプリント、つまりタイプで打った原稿なり文書を入手して欲しいと頼むのである。花子が断るとこの話は秘密だといって帰っていった。花子はすぐさまゾルゲに話すと、彼は笑って今度は鳥居坂の家へ来るように伝えなさいと言った。もとより花子はゾルゲが新聞記者であること以外は何も知らない。十四年、十五年と一度ずつ憲兵がやってきた。両方ともゾルゲが上海や満洲に出かけて留守の時である。何の目的で行ったのか、誰に会うのか、どこに滞在するのか、帰国はいつかなど、訊かれても花子が知るわけもないのである。

外国人に対する監視は厳しくなっていた。帰国したゾルゲは、あるとき何気なくこう言った。

「ミヤコ、あなたはエゴイストだ。人は、エゴイストであっては駄目です。わたしエゴイストでない。ほんとうです」

〝エゴイスト〟という一言に、花子は相手に対する不思議な気持ちにとらわれた。この人は一体何者であろう、何か秘めた考えがあるのではないか。だがそれ以上はわからないし、深く問い質すこともしなかった。現在の生活が続けば満足であった。ゾルゲの部屋の壁に一枚のデッサン画が掛かっている。問われたゾルゲは日本人が描いたものと答えた。諜報団の一人である画家、宮城与徳の絵であった。

「こんなことはめったになかったが——」と、石井花子は『愛のすべてを∴人間ゾルゲ』のなかで前置きし、次のように記している。

「常日ごろ、礼儀正しいゾルゲもときにひどく酔って帰り、眠らないで書斎で読書しながら彼を待っているわたしを激しく抱擁し、接吻の雨を全身に降らせるのだった。明るい照明の下で、わたしは恥ずかしさに両手で顔をおおった。そして、心のどこかで弱々しく申し訳じみた抗議をしながら、感覚の上では彼を赦さずにはいられなかった」

昭和十六年になって、スパイゾルゲの関心はふたつの点に集中していた。まずは、ソ連国境沿いに増強されつつあるドイツ軍の動向である。すなわちドイツがいつソ連に攻め入るかである。もう一つは、独ソ開戦となった場合、日本はどういう行動に出るかである。すでに前年の九月に、日本・ドイツ・イタリアは三国同盟を結んでいた。この二点にゾルゲは全精力を傾けていたのである。当然、疲れはたまり酒の量も増えたであろう。泣きだすこともあった。

六月二十二日の未明、ドイツの大軍はソ連に攻撃を開始した。ゾルゲはほぼ正確に開戦日をソ連に伝えていた。残る日本の行動についても、日本は武力発動はしないことをつかんだ。ラムゼイ機関と呼ばれたゾルゲグループの任務は成功したのである。

九月になってゾルゲは花子に結婚を薦めた。どうも候補は尾崎秀実だったようだ。これは不可解な話である。尾崎は妻帯者であり、ゾルゲは尾崎の家族関係を知ることなく諜報活動に邁進していたことになる。当然上手くいかないことがわかると、一緒に上海へ行こうと持ちかけた。マックス・クラウゼンに花子のパスポート入手を相談したが、むずかしいとわかり駄目になった。ゾルゲは身辺に寄る不気味な影をはっきりと感じていたに違いない。そろそろ店仕舞いの時期であった。

昭和十六年十月の初めの午後、二人はローマイヤで落ち合った。表から見える席に花子が座ろうとすると、ゾルゲは奥の席へ誘った。

「しかし十月はじめのある日、ゾルゲとの約束でローマイヤへ食事にゆくと、彼は緊張した表情でわたしの腕をひき、今日は私服が尾行していると注意し、食事が終ると外で話したいとわたしをうながした。

きょう、あなたとわたし一緒あぶない。あなたママさん家へ帰りなさい。あとで、ゾルゲ大丈夫思いますなら、電報打ちます。わかりますか。

わたしは彼の手を握って別れた。五、六歩行ってふり返って見たが、ゾルゲの姿はどこにも見えず、夕闇の色濃く迫る街に、彼はとけこんでしまっていた。そして、ゾルゲはわたしのもとに再び帰っては来なかった」(「ゾルゲとの出会いと別離」)

ゾルゲの逮捕は十月十八日であった。

女給小史⑦

室戸台風の救助活動に貢献した女給たち

昭和九年九月二十一日、大型の台風が高知県の室戸岬を通過し、淡路島を経て阪神間に上陸した。死者・行方不明者三〇〇〇余名を出した室戸台風である。この大災害で救助に当たったた人間のなかに、女給の一群がいたことはほとんど知られていない。神戸市の一市民は雑誌への投稿で彼女らの貢献を称えた。

「兵庫県下に於て、最も被害の甚大であつたのは、大阪市に接近している尼崎地方であつたのであります。相当大きな船が風に吹き飛ばされ、また水に弄れて、二階建ての屋根の上に止まつてゐたと云ふ一例を以てしても、此の地方の被害が如何に甚だしかつたか、と云ふことを物語つてゐるのでありますが、此の惨害に際して尼崎市のカフェー組合は、家を失ひ、食物を得られない所謂欠食者の為に、尼崎市当局から、炊き出しを依頼されたのであります。此の時既に組合員のなかにも、また女給のなかにも大多数の被害者があつて人のことより我がことと云ふ状態であつたのでありますが、しかも菊地組合長は欣然としてこれを引受け、組合員とその従業員とを督励して、最初は一日六百人分から、最後には一日六千人分の炊き出しを行つたのであります。而も一物も取出し得ず、殆どすべてを失つて着の身、着の儘の女給達は、己を顧ることも忘れて、一夜交代で僅かに二三時間の睡眠を取る外、殆ど昼夜兼行、不眠不休の状態で活動を続けたのでありました。後には握り飯を拵へてゐる女給の掌は、焼けたゝれて痛々しく、苦痛をさへ訴へて来たのでありますが、しかも、欠食の市民を飢餓から救ふ重大なる使命の前に、最後まで献身的な活動を続けたのであります」

投稿者は日頃は盛んに活動している国防婦人会が、この度尼崎地方には影さえ認めなかったとしている。

「或は、遊蕩的気分を醸成せしめるカフェーの存在に対しては、異論があるかも知れない。然しながら、少なくとも、そのカフェーに働く女給に、斯の如き一面

大阪埠頭の惨状
(『室戸台風調査報告書概要』)

のあることを知る時、その職業に対して貴賤の別ありとし、同じ大和民族の血を受けた女性の、燃ゆる愛国心、燃ゆる愛郷心を忘れて、これを卑下するが如、世間の誤れる認識を、直ちに改める必要のあることを痛切に感ずるのであります」（『雄弁』昭和十年一月号）

第11章　非常時突入／国策とともに

エプロンから割烹着へ

昭和十二年四月十六日のことである。新宿伊勢丹ホールに多くの女性が集まった。二・二六事件から一年余が過ぎ、世の中も落ち着きを取り戻しつつあった。この集まりが何であったかは翌日の新聞が伝えている。

「女給さんは進軍する――十六日午前十時半新宿伊勢丹ホールで新宿を中心とした淀橋区内のカフェー、バーに働く女給さん約八百名が白エプロンに国防婦人会の襷姿も中甲斐々しく参集して、大日本国防婦人会淀橋分会の発会式を挙げ、銃後の守りを固くした」(『東京朝日新聞』四月十七日夕刊)

大日本国防婦人会とは、昭和七年三月に生れた大阪国防婦人会が基となっている。保田せいという一主婦の発案によって、最初はわずか四十名で結成したものであった。

やることといえば、出征凱旋する兵隊への茶菓、食事提供である。婦人のこのような奉仕は初めてのことであった。婦人団体としてはすでに愛国婦人会があったが、こちらは中上流層の

女給が国防婦人会に加入（『朝日新聞』）

婦人が中心であり、国防婦人会は広く一般主婦にも加入を呼びかけ全国に発展していった。戦後に女性初の大臣（厚生大臣）になった中山マサもここで活動した。

国防婦人会の象徴は、主婦の労働着である割烹着である。兵隊はこの衣装に母親をみたのである。新宿の女給たちが国防婦人会に入ったということは、さまざまな国策へ貢献することを表明したものである。朝日記事の写真を見ると、これは女給のエプロンではなく全身をおおった割烹着である。即ち女給はその精神において、**エプロンから割烹着**へ転換したのだ。

これは時代を先取していた。時局はすぐ後、まさに大転換したからである。

国民精神総動員にカフェー業界も積極的に対応

昭和十二年九月九日、内閣総理大臣近衛文麿は内閣訓令を発した。新内閣が船出してまだ三ヶ月である。訓令は重々しく次のように述べている。

「凡ソ難局ヲ打開シ帝国ノ興隆ヲ図ルノ道ハ我ガ尊厳ナル国体ニ基キ尽忠報国ノ精神ヲ振起シテ之ヲ日常ノ業務生活ノ間ニ具現セシムルニ在リ　今般国民精神ノ総動員ヲ実施スル所以亦此ニ存ス　宜シク思ヲ現下ノ時局ニ致シ日本精神ヲ昂揚シテ率先之ヲ実践ニ具現シ愈々国力ノ増進ヲ図リ以て皇運ヲ扶翼シ奉ランコトヲ期スベシ」

一体何事が始まったのか。訓令中、現下の時局とあるのは、八月に始まった日中の本格的な交戦である。近衛内閣はこれを支那事変と名付けた。戦争ではなく、暴れる中華民国を懲らしめる―暴支膺懲という政策であった。

確かに難局ではある。難局を乗り切るためには兵隊だけでは駄目だ。全国民も立ち上がらなくてはならない。そこで打ち出したのが〝国民精神総動員〟、略して精動であった。それとともに声高に叫ばれたのが、〝非常時〟である。

国民精神とは尽忠報国であると訓令は述べている。これを日常生活にも溶けこませるということだが、具体的には何をするのか。文部省は生活改善十則を掲げた。このうち半分は抽象的なものに過ぎず、具体性があるものを列挙すると、毛織物、綿織物、金属類、ゴムの消費抑制である。舶来品より国産品の奨励である。奢侈の抑制という項目もあり、このなかで取り上げられたのが享楽の節制であった。「審美軟弱ヲ戒シム　不健全ナル娯楽ノ廃止」と書かれている。娯楽をどのように健全、不健全にわけるかは示されていない。だが次第々にカフェーには規制が及んでくるのである。

カフェー業界は積極的に対応した。業界にはすでに全国組織である全日本カフェー連盟が存在しており、このなかに国民精神総動員委員会を設けた。精動のスローガンの一つは資源愛護であった。精動委員会では鳩首協議してさまざまな具体策を各店に指示した。いくつかを挙げると次のようになる。

一、蓄音機の針―使用済みの針を集めると鉄製品の原料となる。

二、紙屑―ボール紙の材料となり葉書にもなる。

三、足袋のコハゼ―コハゼというのは足袋に付いている金属製の金具である。古足袋のコハゼを回収すれば金属製品の原料となる。

四、王冠、空缶―これらから錫が取れる。

五、ヘアーピン―意外に紛失しがちで特に探すこともない傾向だが、資源になることは確実である。

六、ガラス屑―資源になる可能性があり回収すること。

今日でいうリサイクリングである。どれほどの効果があったのかは不明だが、享楽の対象とされた業界にとっては、率先して国策に協力する姿勢を示す必要があった。非常時への貢献であった。

資源愛護が店の営業政策であるとするなら、従業員にも改善の眼が向けられた。女給教育である。

連盟では女給指導委員を設けて具体策を明らかにした。健康に注意すること、身体を清潔にすること、衣装・髪結・化粧は各人の個性に合わせること、作法や言葉使いを学ぶこと等である。別に女給ならではの内容ではなく普通一般の常識に過ぎない。言うところは、ふしだらを戒め贅沢を抑えようということである。

大阪某カフェーの四大綱領

研究

努力

向上

反省

事務所、社交係化粧室等に掲示して實行を促してゐます

大阪のカフェーの四大綱領
(『業界須知』)

大阪のあるカフェーでは、研究、努力、向上、反省の四大綱領を店内に掲示した。連盟の全国総会では、煙草は店内では禁止、衣装の新調は当分見合わせることを申し合わせた。作法、言葉使いについては女給学校を開設して推進した。女給学校というのは大正十二年十二月に、大阪のキリスト教青年会が発案したものである。一定の場所に学校を設けるものではなく、市内各地を廻りながら給仕の仕方や化粧法を教えるものであったが、実現したかどうかははっきりしていない。

昭和十三年七月十三日の『東京朝日新聞』は、銀座、浅草、新宿、上野の四ヶ所に設置すると報じた。しかし明らかになっているのは松陰女学校である。芝の増上寺内の施設に女給を集めて行った。毎月二週間づつ、礼儀作法、衛生、国民道徳を教えた。

昭和十四年九月一日、政府は毎月一日を興亜奉公日と名付け、料理飲食店を休業とさせた。一方で、非常時はカフェーの大陸進出を促した。国内を脱出して日本軍の後を追って行くのである。女給も海外雄飛となったのである。

戦場には従軍女給も従軍芸妓もいた

東京裁判でA級戦犯として刑死した武藤章陸軍中将は、自著の中で中国従軍の回想を綴っている。

「戦線が進むにつれて日本人がついてくる。これらの日本人は、内地でも支那でも港々や国境の停車場やで取締っている筈に拘らずやって来る。この種の日本人は男も女も非常に勇敢である。軍隊の行くところは弾の飛ぶ戦場にまで突進する。軍隊でも一応は取締るがやはりそこは日本人同志である。事情を聞けば寛大な処置を採ることになる。それに何かと便宜もあるのでつい大目に見てやる。瞬くまにおでん屋が出来る、カフェーが出来る、慰安所が出来る、という次第である」(『軍務局長武藤章回想録』)

これは非常に興味ある証言である。兵隊の後をさまざまな商売人がついていくという有様だ。勇敢な女とは何者なのであろう。まず慰安婦を束ねる女頭(かしら)が考えられる。頭自身も慰安婦である。そして大陸にやってきた女給であろう。

ドキュメンタリー映画で知られた亀井文夫監督の作品に、『上海―支那事変後方記録―』がある。

戦火が収まった上海に早速、トーチカという名の喫茶店が開店する。トーチカとはロシア語の塹壕だが、日本軍は国民党軍のトーチカ戦術に散々悩まされた。その隣には今川焼きの店ができる。そして店名はわからないが、大きな垂れ幕が下がりカフェーの文字がはっきりと映し出されている。武藤の言った通りである。カフェーには名も知らぬ勇敢な女給がいたはずである。

昭和十二年の暮れ南京が陥落した。日本軍が入城すると市内中山路一帯が日本人町となった。南京のカフェーには日中双方の女給がいた。強かったのは中国娘の方である。彼女らは日本兵が蔣介石の悪口を言おうものなら、こっぴどく日本語でやっつけたという。

日本人町については、「中国戦線に形成された日本人町:従軍慰安婦問題補論」(倉橋正直『キリスト教社会問題研究』所収)という論考がある。それによれば、日中戦争八年間に華北地域だけで二百以上の日本人町があった。河北省の石家荘、山西省の太原、河南省の開封などである。開封には七千人の邦人が住み、カフェー十二軒、喫茶店九軒が営業していた。人口の割にはこの数は非常に多い。

占領地には日本料理屋も開店した。それに芸妓衆が伴われた。東京文京区の白山芸妓である。白山は東大のある本郷台の下に位置している。場所柄東大の教授たちが贔屓にしたという。昭和十七年七月に芸妓屋の三浦屋は、陸軍省に軍占領地での料亭開業許可を申請した。二十名の芸妓衆も一緒であった。

許可された一行は九月にボルネオ島のクチンに上陸し、現地軍の協力を得て料亭を開いた。風光明媚な所から見晴亭と名付けられた。お客は現地高級将校、現地文官、それに軍属民間人らであった。芸妓衆は皆軍属待遇であったという。

戦争が激しくなると見晴亭は営業停止となり、芸妓らは看護婦に転じて野戦病院で働いた。二十人の女たちは終戦までボルネオに留まり、昭和二十一年五月から六月にかけて全員が無事帰国した。戦争には従軍女給も従軍芸妓もいたのだ。

見晴亭（『白山三業沿革史』）

カフェーに非ず、女給に非ず

「カフェーと称する名称は事実社会も業者も最早いけないと言ふ事に大体一致しています」

これは全日本カフェー連盟のなかから起こった声である。果して一般社会の間からも、そうした指摘があったのかどうかはわからない。

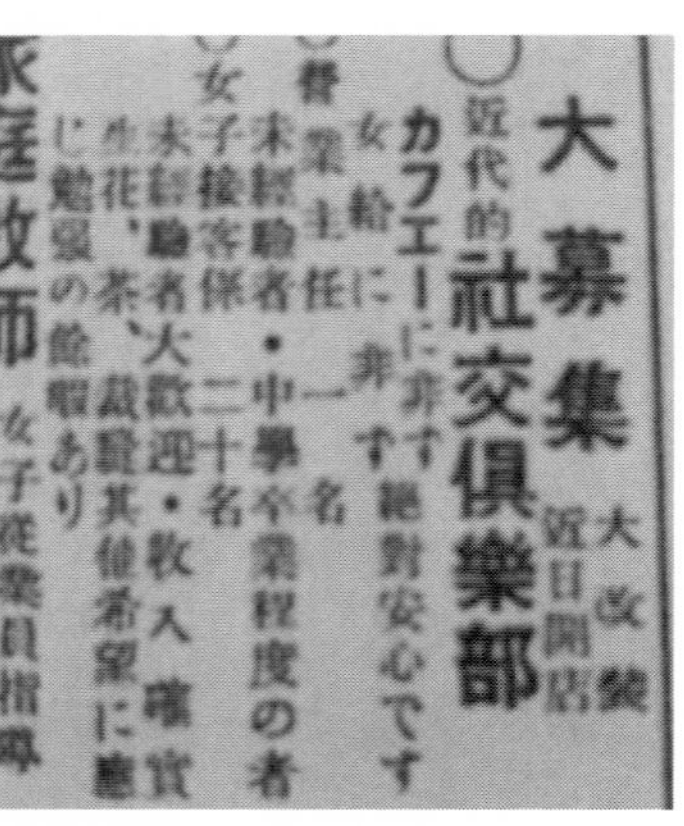

博水倶楽部の新聞広告
（『業界須知』）

どうやら業者の先走りの感が否めないが、何か変わろうとしている意欲が出てきたのだろう。それはカフェーが特異な目で見られがちな風潮から脱皮する、社会的な認知を一段階上げるという狙いがあったとみられる。前記した女給学校もその表れであった。

それではどういう名前にするのかとなると、適当なものが浮かんでいない。大阪ではキャバレー、サロンなる名前が流行していた。このキャバレーという名は、大正末期に大阪で開業した、キャバレー・ド・バノンが最初であった。東京では新名称として「特殊喫茶」、「新興喫茶」、大阪でも「社交喫茶」が登場していた。業界内での一つの有力案は倶楽部であった。

新しい、倶楽部の名を冠した店が九州に現れた。九州門司の新装店は「博水倶楽部」という名で広告を出した。これは、カフェー・日輪の衣替えであった。そして女給という名も捨て去り女子接客係として登場したのである。何やら事務的だが、これぞ女給ではないんだということを宣言したと言える。

博水倶楽部の新聞広告には、〝カフェーに非ず　女給に非ず〟と謳っている。女子従業員には生花、茶、裁縫等の教育を施すとも言っている。カフェーではないと宣伝しているから、当然これまでのような接待サービスはないのであろう。接待係ではなく、女子は接客係であることが特徴といえる。

博水倶楽部は洋館三階建てだが、ネオンや派手な飾りを一切排除した、カフェー気分を払拭した倶楽部なのである。果してこの店が流行ったのか流行らなかったのかはわからない。脱カフェー、脱女給という表れではあった。これも精動の結果なのであろうか。

確かに業界は古い体質から抜け出そうと頭をひねっていた。長引く事変への積極的対応として、進んで時局に適合する実践を進めていた。

防諜という動きも一例である。これはスパイへの備えであり、昭和十四年になってかまびすしくなった。カフェーという場所はスパイ活動の温床となりやすい。外国人も出入りするので、思わぬ一言が情報漏れとなる可能性がある。気を緩ませる酒もそろっている。カフェー連盟では防諜団を組織して警戒に努めた。巷では防諜標語が出回り、防諜ポスターが貼られ、防諜週間というキャンペーンも張られた。

こうした警戒態勢が効を奏したのか、女給自身が敵国のスパイとなって暗躍した例はなかった。むしろ防諜は新しい締め付けへの序曲であったかもしれない。その締め付けは昭和十五年になって表れる。

近衛新体制に呼応する女給たち

日中戦争勃発後三年が経過した昭和十五年の七月七日、この日から不要不急品の製造販売が禁止された。「奢侈品等製造販売制限規則」なるものが前日六日に公布され、翌日から実施するという慌ただしさであった。日付を取って七・七禁令と呼ばれるものである。

これによって日本は本格的な統制経済の時代に入った。表面上は連戦連勝であるのに、長引く戦争の影響を国民が肌で知った出来事であった。その奢侈品、つまり贅沢品とはどのような品物であったのか。婦人用高級織物、宝石類、銀製品、象牙製品などである。

これらは七日から製造禁止、販売も三ヶ月の猶予を置き十月七日以後禁止という厳しい御沙汰であった。確かに指定された品々は急を要するものではない。銀製品のアクセサリーを身に着けなければ往来を歩けないわけではない。帯留めは高級な象牙と決まっているわけでもない。

政府の狙いは高級贅沢品に費やされる資金や労力を、国民にとって必ず必要な物に向けさせることであった。国民に円滑に必需品が届くよう、政府は切符制を導入することを決めた。すでに六月から東京市、大阪市、名古屋市などの大都市では、砂糖とマッチの切符制が始まっていた。配給制度である。やがて配給は通帳による米にも及ぶことになる。

七月二十二日、一旦下野していた近衛文麿は再び表に出て第二次内閣を組織した。第一次内閣のスローガンは「国民精神総動員」であったが、今回近衛の再登場で巻き起こったのは〝新体制〟であった。

この年六月にナチスドイツはフランスを下し、早晩イギリスもドイツの軍門に降るという見方が日本では支配的になった。欧州はドイツの天下となり、背後のソ連とは不可侵条約を結んでいる。欧州には新秩序が生まれたのだから、日本も新たな態勢を整えなくてはならない。すなわち新体制である。女給もこれに呼応した。東京渋谷の女給たちは、戦闘で負傷した兵隊のために白衣を縫おうと立ち上がった。

「私たちも生活の新体制を樹てませうと、東京市渋谷区特殊飲食業組合では、渋谷区役所及び渋谷区方面助成会などと協力して、九月四日午後一時、渋谷区公会堂で特別奉仕会発会式をあげました。その日飲食店経営主婦及び従業婦約四百名が参集、何れも自粛自戒、銃後の守りを一層固め、新しい時代に応へようと、厳粛な面持ちで、国家斉唱、宮城遥拝、黙祷の後、来賓の訓示に熱心に耳を傾けました。閉式後、白衣裁縫講習会が開かれましたが、彼女たちは、今後お国のために傷ついた勇士の人々に白衣を縫ってさゝげることのできる喜びに赤誠の瞳を輝かして、一針一針の指導をうけました」（『写真週報』昭和十五年九月十八日号）

女給たちの縫う白衣というのは医者のそれではない。昭和の五十年頃まで傷痍軍人が街頭にいたのを御記憶だろうか。人通りの多い歩道や神社の境内でアコーディオンを弾いていた。彼らは軍帽に白い長着姿であった。白衣とは兵隊の入院着だったのである。

決戦非常措置でカフェーは閉店へ

新体制を看板とする内閣が早速打ち出したのが、飲食店に対する締め付けであった。七月七日に続く八・一禁令である。

一日の『読売新聞』夕刊は「新体制享楽取締の強化」という表題で報じた。それによると規制は三種類に及んでいる。

白衣裁縫講習会（『写真週報』）

①東京市内八ヶ所のダンスホールは三ヶ月間の猶予を以て閉鎖
②特殊飲食店従業婦の定員縮小
③料理屋の料理制限

特殊飲食店とはカフェーやバーであるが、従業婦、つまり女給を減らす政策が出されたのである。その方法は削減数を指定するのではなく、客席の面積によって女給の数を決めるというものであった。従来は四平方メートルあたり女給一人であったのを、新たに六平方メートルに一人とした。おおよそ一坪一人が二坪に一人となるわけである。如何にも行政のやり方らしいが、これにより当然女給の数には余りがでて、縮小せざるを得ないことになる。実施には六ヶ月の猶予が与えられた。

六ヶ月後の状況を、昭和十六年二月一日の『読売新聞』は次のように伝えている。

「帝都のカフェー、バー、特殊喫茶店など歓楽街の華やかさもけふ限り、〝坪数制限〟による従業婦減員の新体制は興亜奉公日の明後二日からいよ〳〵正式に実施、国策線上に新発足する。(中略) 警視庁保安課の調べによると既に女給さん達自身の自覚によつて産業戦線へ、タイピストへ、家庭へ転身ずみのものも相当あり実際に身の振り方に苦悩してゐるのはその四割三千余名でこれら過剰人員の悩みは漸次処理されてゆくものとみてゐる」

哀れだったのはダンスホールであった。カフェー、料理屋が規制縮小であったのに対し、ダンスホールは唯の一言で閉鎖であった。前年十月三十一日、各ホールには午後十時まで超満員の男女が最後のステップを踏んでいた。

昭和十八年十月一日からは一段とカフェー規制が厳しくなった。六平方メートルあたり一人が、十平方メートルあたり一人とされた。

十九年二月二十一日、東条内閣は改造を行い、東条自身は参謀総長を兼ねることになった。首相、陸相、軍需相に加え、陸軍の作戦全般を担う参謀総長まで掌握したのである。二十五日、政府は決戦非常措置要綱なるものを決定した。文字通り決戦を自覚して出されたもので十五項目から成っていた。学徒動員の徹底、簡素生活の徹底、空地利用の徹底、信賞必罰の徹底と並んで、高級享楽の停止が挙がっていた。

高級とは料亭のことである。だからカフェー、バーの類は除外されると解されるが、業界は進んで国策に協力した。三月六日の『東京新聞』は次の記事を載せている。

「享楽追放―虚飾の衣をいさぎよくいま脱ぎ捨てゝ戦列へ！

けふ五日から固く固く閉ざされた享楽の門を背にし、夜の女の汚名を共に過去の残滓を洗ひ落した彼女たちに突撃喇叭は鳴り響いたのだ。明るい勝利の太陽が彼女たちの頬に輝いてゐる、きのふまでカフェー、バー、スタンドバーなど都内二千余軒の特殊飲食店に働いてゐた女給さん約四千二百名が逞しく生産戦に挺身、なかでも独身者千五百名は集団的に重要工場に転身するほか、一部女給さんは農園を開拓して食糧戦にも雄々しく参加することに決定した」

この東京新聞とは、都(みやこ)、国民、合同新聞三社が戦時下の新聞統合によって一つになったものである。残りの二千七百名は有夫者とみられるが、家庭工場で作業をすることになると記事は伝えている。家庭工場とは、カフェー店内で行う作業のことらしい。決戦非常措置が実施されて以降、カフェーは事実上門を閉じ女給は各方面に散ったことになる。

生き残った享楽

決戦非常下でも営業を黙認されていたものがあった、それは遊郭である。法的には貸座敷業という。娼妓を抱え性行為の場所を貸すわけである。その代表ともいうべき東京吉原は、昭和二十年三月九日の大空襲で丸焼けとなった。非常下にあっても吉原には一二〇〇名の女が働いていたという。

『国家売春命令物語』はこの前後の事情を記している。同書によると、妓楼二八〇軒が焼け娼妓四〇〇名が焼死した。経営者と女たちは疎開を余儀なくされ、なかには女たちを自分の郷里に連れていった経営者もいた。

ところが翌四月になって、警視庁から吉原再開という驚くべき要請が組合にもたらされた。揚屋町、京町、江戸町など、吉原内でわずかに焼け残った建物で店を開いたところ、次のような状況であった。

「そんなわけで、営業をはじめてみると、客がくるわ、くるわ、門前市をなす盛況でした。ショートが五十円、泊りが百円～二百円くらいだった。……」（当時の組合長談）

ショート五十円にしてもかなりの高額である。それでも殺到したのだ。

永井荷風『墨東綺譚』の舞台となった玉の井も焼けた。実に四八七軒一二〇〇名が焼け出された。生活場所を失った女たちには、七月になって近くに代わりの場所が与えられた。これが通称鳩の町と呼ばれる一帯である。

空襲下の東京にあっても、この他亀有、武蔵新田などで遊郭がつくられている。新しい場所は、産業戦士慰安の家と呼ばれた。お客は主として徴用工であり、軍需生産向上のために〃慰安〃が必要であるという理由であった。

女給小史⑧

女給をしながら織田作之助を支えた妻一枝

無頼派の作家と評される織田作之助―オダサクに『競馬』という小説がある。寺田という中学校の教師が競馬に熱中するというものだが、この男の馬券の買い方は独特であった。

「寺田はしかしそんなあたりの空気にひとり超然として、惑いも迷いもせず、朝の最初の競走から1の番号の馬ばかし買いつづけていた。挽馬場の気配も見ず、予想表も持たず、ニュースも聴かず、一つの競走が済んで次の競走の馬券発売の窓口がコトリと木の音を立ててあくと、何のためらいもなく誰よりも先きに、一番！　と手をさし込むのだった」

1に拘るのは、すでにこの世にない妻の名前が一代であったからである。そして作者である織田作之助の妻も一枝といった。

オダサクの妻は京都のカフェーにいた女給であった。第三高等学校に通っていた昭和九年十一月に、吉田山近くのカフェー・ハイデルベルクで知り合った本名は宮田一枝であり、姫路高等女学校を出たインテリである。一枝を一目見た時から作之助は夢中になった。冷たい感じではあったが、きりっとした鼻筋の通った美貌である。

ハイデルベルクに通いつめたオダサクは、二週間目に一枝と大阪でデートし一泊する。年末には友人の助けを借りて彼女を自分の下宿に連れ出した。こうして二十歳同士の同棲生活が始まるが、男の方は貧乏学生であるから収入は女の腕一本にかかった。

翌年、一枝はハイデルベルクから銀閣寺近くのリッチモンドというカフェーに移った。嫉妬心の強い作之助は店の筋向かいに部屋を借りて一枝を見張った。さらに下宿は下鴨に変わり、一枝は四条寺町のサロン菊水で三度目の女給奉公となり生活を支えた。オダサクは講義への出席日数が足りず、三高退学となる。

二人の結婚は昭和十四年の七月であった。出会いから五年、女給を抜け出して新進作家の世話女房のスタートであった。一枝の女房ぶりは満点であったらしい。

内助の功に支えられて、翌十五年オダサクの代表作『夫婦善哉』が文壇を席捲した。文名は次第に上がっていくが、妻の身体は少しずつ弱っていった。

結婚生活わずか五年後の十九年八月、一枝は三十一歳で逝く。癌との壮絶な戦いの果てだった。落胆した夫は、それから三年もしない二十二年の一月、まるで急ぐように後を追った。

第3部

移り変わる女給と消滅

第12章 ❖ カフェーから社交喫茶へ／変化のなかの女給

長い戦争が終わって全てが一から出直しとなった。女給、カフェーの世界も、終戦直後は直ぐには営業再開とはならず、模索の状態が続いた。その代わり占領軍上陸に備えてＲＡＡ（特殊慰安施設協会）という団体が作られた。

これは政府の音頭取りによるもので、大急ぎで女給や芸妓、ダンサーなど一〇〇〇名ほどが集められた。最初の施設となったのが、東京大井の料亭であった小町園である。昭和二十年九月初めに店開きするやアメリカ兵が殺到した。

小町園は占領軍専用の遊郭であり、応対にあたった女性の多くは娼妓出身であったと思われる。まさに慰安施設である。ＲＡＡはさまざまな施設を設けたが、米兵に人気のあったのはダンスホール、ビアホールであった。飲んで歌って踊ってというのが陽気なアメリカ人気質に合致した。キャバレーも登場した。

設立後半年余りで、アメリカ兵の利用は性病蔓延を理由として禁止された。しかし施設は残ったのであり、その後の飲食店営業再開の母体となったと推測される。ＲＡＡは、戦後の飲食店再開の先がけとなったのである。
昭和二十一年以後はさまざまな形態の営業店が現れてくる。女給という職業にも変化が表れる。

公娼廃止命令と新たな特殊飲食店

昭和二十一年一月二十一日、GHQは一つのメモランダム（覚書）を日本政府に発した。何事ならんと恭しく封を切ったところ、次の文章が記されてあった。

一、日本で今尚公娼を存続させていることは、民主主義理想に背馳することであり、又全国に亘る個人の自由伸張の事実と矛盾する事である。

二、日本帝国政府に対して、直接間接日本の公娼存在を承認許可してゐる法律法令、その他の法規一切を直ちに廃棄撤廃し、又、直接婦人を束縛又は強制して娼婦をさせることを目的としている全ての契約と協定を無効ならしめるやう命ずるものである。（参議院法務委員会資料）

この年からGHQは、民主化と呼ばれる対日政策を次々と打ち出し実行していく。四月には総選挙が行われたが、婦人の参政権が認められ、三十九名の婦人議員が誕生した。民主化は女からというわけなのか、一月のメモランダムこそ民主化の始まりでもあった。公娼というのは当局が認めた地域で働く女達をいう。ここを通称遊郭というが、法律的には貸座敷という名前になっている。

彼女らは娼妓とも、俗にはお女郎（じょろう）さんともいわれるが、当局――警察の許可のもとで性行為を業態としている場所で働くのである。東京の吉原、京都の島原、大阪の飛田、名古屋の中村など全国至るところにあった。

ＧＨＱの認識では、お女郎さんたちは強制的に働かされているというものであった。自由に職業を選んでいるのではなく奴隷状態であり、それは個人の自由を阻害し、〝民主主義理想に背馳〟しているというわけである。特に彼らが問題としたのは、前借制度と身体の拘束であった。だから公娼という職業は認められないと通告してきたのである。何しろ占領期であり、命令は絶対であった。

実は、日本政府は事前に情報を得て公娼廃止の措置を執っていた。一月十五日の『東京朝日新聞』はこう報じている。

「帝都の公娼は十五日から一斉に廃業する。現在公娼指定地域は吉原、新宿、品川、千住、八王子の五ヶ所で貸座敷六十一軒、娼妓三百六名だが、廃業によって自由になった娼妓が引き続き同様な商売をしたいといふ希望があれば接待婦の名称で指定地域内に限り営業することができる」

一読おかしな内容である。公娼は廃止したが希望者は同じ仕事ができるというのである。一体どういう意味か。ＧＨＱは一つの抜け穴とでも言うべきヒントを示していた。それは、生活のために自発的に性行為を行うことは禁止しないというのである。売春防止法はまだ存在していなかったためこういう理屈も成り立つのである。

警察はＧＨＱの指示を適用したのであった。接待婦とは別名で私娼ともいう。表向きは、売春行為を標榜しない酒場で働く女たちのことである。そうした店は銘酒屋と呼ばれ、酌婦(しゃくふ)という女を置いていた。東京の代表的な銘酒屋街は玉ノ井と亀戸である。酌婦は公には客に酌をするのであり、時と場合により客と床を共にする。けれどそれは店から強要されるのではなく、当人同士の自由意志により成立しているという解釈をされる。公娼廃止で全てが銘酒屋になったともいえる。新しい名称として接待所、接待婦と呼ぶことにした。また業者のなかにはカフェーを名乗る店もあった。

九月になってさらに名称変更があった。接待所は特殊飲食店となったのである。特殊飲食店とは、昭和八年にカフェー、バー、喫茶店等を総称した用語であった。今回そこへ新たに接待所を入れたのか、それとも接待所のみを特殊飲食店としたのかはっきりしない。もし従来の範疇に含めたとすると、カフェー業界は大いに迷惑を被ることになる。カフェーにも接待婦がいるのかと誤解されるからである。おそらく古い規定はご破算になり、新たに特飲店という名で接待所を指定したのではないかと思われる。特飲店街は警察地図で赤く囲まれていたため、赤線という言葉がポピュラーになった。

かつての娼妓も「女給」に

特殊飲食店に関して、警察当局は業者に対して追加事項を伝えてきた。それは、飲食店となったのだから、私娼も一つの職業を持つことが望ましいというのである。

私娼は正業ではないと言っているに等しいが、業者側は飲食店なのだから接待婦は給仕をせねばならないと解した。接待所のなかにテーブルや椅子を持ち込んだ。ホールを増設した店も現れた。そのため彼女らは女給に変わったのである。

例えば昭和二十九年十月の『社交タイムス』には「女給殺しの十七歳少年」という記事を載せている。

「去る三月台東区浅草新吉原江戸町二ノ三特飲店「大明」同店方で、女給塚原静枝さん（二二）を絞めたうえナイフで刺殺」

記事で明らかな通り、かつての**娼妓は女給**となっているのである。この点は重大である。すなわち新たな女給の誕生なのだ。明治以来の流れを整理すれば次のようになろう。

第一の女給―女ボーイ・明治末期
第二の女給―活動案内人・明治末期〜大正期
第三の女給―カフェー従業員・大正末期〜昭和戦前期
第四の女給―特殊飲食店・昭和戦後期

第一と第二は消えた。戦後となって第三と第四が残ったことになる。つまり女給には二つあり、カフェーで働く女性と、特殊飲食店で働く女性である。

一般人はこうした区別を意識しない。ともに女給なのである、ややもすれば、女給といえば特飲店の女を連想する傾向が強くなる。何故なら、特飲店での接待の方が強烈だからである。女給という言葉の響きに蔑視感が伴い、やがては消えていく源がここにあったと思われる。

カフェー受難

昭和二十一年七月に『社交タイムス』という新聞がお目見えした。カフェー、キャバレー、バーといった業界紙で月二回の発行である。発行人は鏑木恵喜という男である。

業界ジャーナリズムの発展に尽くし、月刊誌として『社交』も出した。業界新聞が出たということは、それだけ店が復興したという現実があったのである。銀座の「メリーゴールド」、芝浦に「東京園」、八重洲には「東京クラブ」、「ムーンライト」といった社交場がオープンしていた。これらはキャバレーと名乗っていたがダンスホール兼用である。

一際話題を集めたのが、銀座四丁目に開店した大型ダンスホールを持つ「美松」であった。このように少しずつ盛り場のネオンが灯されつつあった時、突如として鉄槌が振り下ろされた。今度はマッカーサーからではない。時の内閣からである。

昭和二十二年六月一日、社会党の片山哲内閣は全国の料理飲食店に対して、酒類、主食の販売停止を命じた。酒や料理を出すなということは、事実上の営業停止命令であり六・一粛正と呼ばれた緊急措置である。実施は七月一日から半年間となっていた。対象は料亭、旅館に始まり、庶民の店である汁粉屋まで含まれていた。

社会党内閣が目指したのは闇経済の撲滅であった。食料品の一部は闇値で大量に料亭、料理屋、旅館へ流されていたのである。このため国民にとって必要な食が確保できなかった。国も赤字、企業も赤字、家計も赤字といわれた昭和二十二年である。巷では食糧危機が叫ばれており内閣は非常措置を執ったのである。

しかし高級料亭と町の汁粉屋を一緒にはできないだろうとの声が起こり、庶民の店である汁粉屋は除外された。カフェー業者も死活問題だとして警視庁に了解を求めた結果、喫茶店として営業することに決着した。但し酒類は出せないから、コーヒー、紅茶、甘味物に女給の接待がつくという営業であった。まさに甘いサービスである。この緩和措置で、多くのカフェーが喫茶店に転向した。

社交喫茶の流行

ここに昭和二十三年七月一日と、二十四年二月十五日の『社交タイムス』の広告欄を掲げる。業界紙であるから、当然カフェー、バーという名前が並んでいるかと思うとそうではない。飛び込んでくるのは「社交喫茶」という文字だ。一体カフェーはどこに行ったのか。現役女給が変化を解説している。

「カフェーというと何だか古くさく聞こえますが、ふつう社交喫茶と呼ばれているのが、それです。サロンとかクラブとか洒落れた呼び名になってても、法律的には同じに定義されているようで、お勘定にかかる税金も遊興飲食税だけ、その代り、営業時間も十一時まで、バンドやショウはいけないことになっています」（東智恵子『欲望よ・こんばんは』）

カフェーと言わず、社交喫茶と名を変えたという単純なことだった。法律的というのは、昭和二十三年七月にできた「風俗営業取締法」を指している。同法第一条では、客席で接待をして遊興、飲食をさせる営業はカフェーなのである。しかし実際には業者の方は喫茶店という名にした。それは料飲店営業停止で、喫茶店であれば商売が可能となったからである。

社交喫茶店では酒類禁止だからコーヒー類にケーキ、フルーツとなる。まことにあっさりとした飲食だが、専ら女給のサービス―会話で客は時を過ごした。チップは自由だが女給からは要求できなかった。

〝社交〟と付けたのは業界の知恵らしい。宣伝文句も純喫茶との違いを強調して客寄せを狙

ナイトクラブ
夜の女王
クラブ ガーネット
浅草雷門　浅草観光ホテル1階
TEL(84)3860
しんばし 松竹
新橋駅北口前
お嬢さん大募集
世紀の大社交喫茶
二月二日開店
優美を誇る
淑女のサービス
安易な社交場
高級社交喫茶
モンパリ
中央區銀座七ノ四
社交喫茶
パラマウント
百楽門
中央區銀座五ノ三（松坂屋横）
TEL(57)1782
クラブ
社交喫茶
春
近代的女性を求む
静かな雰囲気と
上品な音楽は？
社交の殿堂
アラビアンナイト
社交喫茶 サロン港 山本満壽雄 千代田區鍛冶町一ノ五 電神三三八二番四二七一
社交喫茶 さろん松 片岡吉太郎 千代田區多町二ノ十一 電話神田一四九八番
社交喫茶 松竹 片岡 二 千代田區神田多町一ノ三 電話神田二四八〇番
社交喫茶 サンサロン 鳴海貞藏 千代田區神田驛西口前
社交喫茶 ウルワシ 北尾滋次郎 千代田區神田須田町交叉點前
社交喫茶 ニユー航海 橋本林次郎 品川區五反田一ノ二七八 電話大崎三七二三番
社交喫茶 サロン南風 高橋甚平 品川區五反田一ノ二七四 電話大崎四三二七番
社交喫茶 桃山 猪瀬浩夫 品川區五反田一ノ二七五
社交喫茶 香港 偉人館 揚傳治 朱馨桂 品川區五反田有樂街
社交喫茶 エビス 池田仲次郎 新宿區角筈一ノ一 電話淀橋四〇七番

『社交タイムス』の広告欄

っていた。〃しのばれる昔の姿そのまゝの〃銀座スタイルの極致〃、〃純フランス風社交サロン〃、〃優美を誇る淑女のサービス〃といった具合である。

だが社交喫茶の激増は競争を生み、違反行為が目立ってくる。それは女給の客引きである。二十四年の一月、角筈警察署は新宿のカフェー街を一斉点検し、店の前で強引な客引きをしていた女給五十名を検挙した。場所はかって林芙美子が働いていた現新宿三丁目一帯である。風営法施行後初の取締りであった。

早速、新宿の「巴里」では「客引き全廃、値下げ断行、美人サービス」と大書した看板を出し健全性をアピールした。各社交喫茶店では女給という名称を「社交員、社交嬢」と言い換えたが、それは業界用語で一般にはやはり女給が使われた。

飲食店営業停止命令が解除されたのは、第三次吉田内閣が発足した二十四年七月であった。『社交タイムス』は、ニューフェースという欄を設けて新店の紹介をしている。その一例を引用してみよう。

「新橋駅にオリエンタル開業

省線北口を田村町に向って直ぐ左、堤第二ビル二階に、社交サロン、オリエンタルが十四日開業した。約三十坪で経営者は今の花形社交喫茶組合の（二字不明）を握る頭目組合長松本喜代男氏、建築にかけても一見識を持つだけあって、セットはエンジ一色カーテン並に壁との調和、見事に落ちついた感覚を興えているが天井の一本通しの照明器具に思ひきつて金をかけたのも威容があって高級層を狙へるに充分である」（『社交タイムス』昭和二十四年二月十五日）

オリエンタルの店内の様子は、右遠俊郎『社交喫茶オリエンタル』という小説によく描かれている。松本も、ちょび髭を生やし紺の三つ揃えを着た社長として登場する。小説だが、作者はおそらくオリエンタルで実際にボーイをしたのであろう。興味深いのはチップの扱い方である。文中ヘルパーというのは、指名された女給の補助につく女給である。

「正規には指名された女が得たチップの何パーセントかを、直接ヘルパーにではなく、組に上納する。組には月組、星組、雪組と三組あるが、上納されたチップは各組の組長からさらに大姉御の許に集められ、その金がヘルパーたちに公平に分配される」

昭和初期には出銭という店への上納金があった。民主化された戦後では、チップの一部は女給の管理に変わったことになる。大姉御（おあねご）という存在はどこの店にもいるのか、オリエンタル独特のものなのか不明だ。作者自身はこのやり方を肯定的にとらえている。

「その形は互助理論の合理性を持っていて、戦後の民主主義の影響を受けた、組合の次善の姿なのであろう。競争社会でありながら助け合いがあり、それが生れやすい不平等を緩和し、無役の不安を救い、援助しあう形になっている」

社交喫茶という名が広まるにつれて、カフェーという名を店名にする例は減っていった。代わりにサロン、クラブが現れ出した。昭和二十六年元旦の『社交タイムス』には、年頭の名刺広告が載っている。「東京社交喫茶マネージャークラブ」の名がある。名刺は出していないが、東京社交喫茶商業共同組合の団体があることがわかる。カフェーの名を探してみると一つある。新吉原カフェー喫茶共同組合である。これは前述した特飲店のことだ。警視庁の昭和二十八年防犯部年報には「特殊カフェー」という項目がある。

「旧公娼地区であつた北品川、新宿、新吉原、洲崎、千住及び旧私娼地区であつた亀戸、玉ノ井等の地区の業者がカフェーに転換して所謂特殊カフェーとして現存するものである」

特飲店は、おそらく業界自身であろうが、特殊カフェーと名乗っていたのである。そうなると本来のカフェー業者は、今さらカフェーを冠にするわけにはいかない。特殊飲食店と誤解されてしまうからだ。昔の名前で出ていますというわけにはいかなくなったのだ。伝統のカフェーという名が消えていく理由がここに見出される。

社交喫茶・アルサロ誕生

大阪ミナミの千日前に、一際目を引く宣伝看板が出たのは昭和二十五年七月のことであった。

〃来る日も来る日も　会社と家の往復
その中間に　ユメノクニがある
あすの為に今日がある
はたらく為にレジャーがある
あなたの為に　ユメノクニがある〃

特殊カフェー（『内外タイムス』）

店名は、「アルサロ・ユメノクニ」である。新しがり屋の大阪人も、「はてアルサロって何やろな」と訝しんだ。それがアルバイトサロンだとわかり、「ほんならアルバイトサロンって何や」というわけで、ユメノクニのドアを開けたのである。

果してこのサロンは、竜宮城と言えば大げさだが新鮮な魅力で客を集めた。アルバイトと称したのは、昼間は本業を持つ女性が空いた時間を利用するからである。だから女給さんは皆素人だ。日給制で指名料がプラスされた。昼間は事務員もいれば、女子学生もいる、美容師もいる、と本業はいろいろだが、全員接待業は初めてというのがセールスポイントであった。初々しさが客を呼んだのである。

銀座のアルサロ（『主婦と生活』）

アルサロの波は、時を置いて東京銀座にも及んできた。西のユメノクニに対抗したのか、東も頭をひねって宣伝文句を掲げた。

〝偽り多き世間に　これは真実の福音です〟

大阪も東京も言いたいことは同じだが、その表現に違いがあって面白い。大阪は簡単明瞭でわかりやすく、東京はインテリぶって学のあるところをみせている。

東の店を「赤い靴」という。二十八年十月の開店で、素人女給何と一〇〇名が登録し、純白のドレスに赤い靴を履いた。真実の福音とは、千円でビール四本が飲めるという豪華さである。社交喫茶（カフェー）やキャバレーでは、ビール一本三〇〇円から四〇〇〇円を取られたから、この料金は確かに福音であろう。赤い靴も女給は時給制で、ノーチップであったところから人気を呼んだ。銀座には次々とアルサロの新規開店が相次いだ。

雑誌『主婦と生活』では、日増しに話題を呼んでいるアルバイトサロンの実態をルポしている。登場するのは、昼間はタイピストとして働く女性と音楽学校の女学生の二人である。サロンは銀座であり、タイピストのルポルタージュという形をとっている。勤務時間は午後六時から十一時までの五時間で、文中のW子というのが女学生である。

「W子のいるボックスに眼をやれば、W子が片目でウィンクをして、にっこり笑う。はじめ四五日は、寒いのと、緊張で体がぶるぶるふるえてしようがないと言ったW子は、借りてきた猫みたいに、客席に、おどおどした様子でいたが、もう大分慣れてきたらしい。そういう私だって、はじめは、ただもう胸がわくわくして、何か落度をしないようにと、そればかりに心をとられて、お酒を注ぐ手など、おかしいほどふるえたものだった」

客にはこうした仕草が新鮮に映る。アルサロ誕生の社会的意味は、素人女性にも水商売の門を開いたということであろう。

女給道はあるか

『社交タイムス』は社交喫茶の女給を集めて座談会を開いている。銀座の三笠会館で行われたものである。女医で医学博士の山本杉氏をゲストに迎え、〝社交街に道を求めて〟という表題で紙面に掲載された（昭和二十八年二月十五日）。

銀座の有名店の女給八名が参席しているが、業界紙らしく彼女らは社交係の名で紹介されている。話の核心は、芸者に芸者道があるように女給にも道があるかということであった。ベテラン女給の一人はこう答えている。

「望ましいことですね。しかし現実はうんと若い娘が、初めて店に出ても一週間かそこら勤めると、もう一人前の顔で通る社会です。むずかしいと思うんですが、人情道徳を身につけた先輩が出てその道をひらいてほしいんです」

別の一人はこう言っている。

「戦前は確かに女給道はあつた。でも最近はまた大部昔のようになつて、年配の人がやっています」

『社交タイムス』のトップである鏑木敬喜は、今のキャバレーは歌や踊りに頼ってサービスを忘れていると批判する。女給道という言葉が出たことは、この職種が一定の長さを保ってきた結果であることを示している。その道とは、とらえ方はさまざまだが、サービス、接待に意を用いたということが、業界人である鏑木の意見であったようだ。真価はバーにあると断言する女給もいた。

「本当のサービスは小さな静かなサロンやバーでわかります。バーは話題が豊富でないとつとまらないんですね」

社交喫茶の女給（『社交タイムス』）

接待業にも道があるはずだという考えは、日本文化の思想を反映していると言える。座談会が行われた頃はまだ伝統的思考が残っていたのだ。

女給小史⑨

六本木のカフェーで女給とく子を見初めた作家外村繁

昭和二十三年の師走、一人の元女給がこの世を去った。八木下とく子という。享年四十六、夫はその様を文章にしたためている。

「妻は静かに呼吸を続けている。その枕頭には五人の子供達も集まってゐた。そのとき、私の頭には時間の感覚はなかつたやうだ。十二時の鳴るのも、一時の鳴るのも、私は知らなかった。

『御臨終のやうですね』

しかし妻の様子には、何の變化も起らなかった。それを見守つてゐる子供達の顔にも、少しも苦痛の色は浮かんでゐなかつた。

『こんなにも楽に、人間て死ねるものでせうか』

私は思はず小野醫師を見上げた。小野醫師は妻の瞼を開いてみた。

『御臨終です』

私はぼんやり妻の顔を眺めてゐた。そのときになつても、私にはどうしても妻が死んだといふ實感は迫らなかつた。それほど穏やかな死顔だつた。が、私の握つてゐた妻の手が、見る見る冷たくなつて行つた」

私、とは作家の外村繁で、この文章は『夢幻泡影』のなかの一節である。妻であるとく子との出会いはカフェーであった。大正十三年の五月、東京帝大の学生であった外村は六本木の借家に住んでいた。六本木通りに面したところにマスヤというカフェーが開店し、友人を誘って入ったのである。二階の椅子に腰をおろすと一人の女給が注文を取りに来た。彼女を見た瞬間、外村の胸は異常に高まった。遺作となった『濡れにぞ濡れし』のなかでこう書いている。

「ここに私の妻がゐた―言ふならば、私はさう直感したのである。いささか笑止に過ぎると思はれるかも知れないが、私は真剣である」

男は二十三歳、女は二十二歳で、女給の二十二歳は年増であったろう。そのせいか、女給八木下とく子は口数が少なく素朴であった。小柄で目鼻立ちが整っていた。このカフェーには外国人の客もあった。

外村が二度目にマスヤに入ってとく子を待っていたところ、他の女給たちから「とく子さんのおなじみさん」と呼びかけられた。すでに似合いの二人だったようである。

外村は結婚を母に告げるが反対され、池袋近郊の長崎町で同棲生活となる。とく子の実家で長男が生れた。次いで西荻窪で二男が、深川の家で三男が生れた。正式に結婚となったのは昭和七年である。それまでは、お互いが情夫であり情婦であった。

第13章 ❖ 女給からホステスへ、BGからOLへ

公給領収証義務化に反対して女給三〇〇〇人がデモ

昭和三十年の九月八日、残暑厳しい午後の東京をデモ行進する大集団があった。デモそのものは珍しくない。けれどこの行進が人目を惹いたのは、ほとんどが若い女性だったということである。しかもなかなかの美形ぞろいで、総勢三〇〇〇人とあっては一体何事だろうということになる。

一行は男性リーダーを先頭にして神田の共立講堂を出発し、皇居のお濠端に長い列を連ねた。プラカードには次の文字が大書してあった。

〝不公平な遊飲税改正を是正しろ〟

〝民主主義に逆行する官僚統制撲滅〟

〝官僚の机上プランで命とり〟

〝公給領収証　絶対反対〟

デモにはつきものの、シュプレヒコールと号令がかかるのかと思うとかからない。女性らし

い楚々とした歩みである。ただ色とりどりのプラカードの文字が揺れるのみであった。〝是正〟〝撲滅〟〝命とり〟〝絶対反対〟の大文字は、やがて日比谷公園に辿り着き、暑さも手伝ってか座り込む女性が相次いだ。

それもそのはず、彼女らは昼間休んで夜に働く全国の女給さんたちだったのである。これだけの女給デモは最初にして最後であった。女給の存在を主張する出来事でもあった。

女給3000人がデモ行進（『アサヒグラフ』）

デモ行進の前、三〇〇〇人を越す女給、業者代表らは神田共立講堂に集まった。壇上には自由党総務会長の大野伴睦、民主党の赤城宗徳、右派社会党書記長の浅沼稲次郎らが席を占めた。与野党の幹部が顔をそろえたのである。

天井から下がる大垂幕には「全国業者従業員大会」と大書してあった。大会のテーマは、公給領収証という問題である。これは客に渡す領収証のことである。飲食店には従来から遊興飲食税という税金がかかっており、十一月一日からは代金の十五％を上乗せして請求することになった。この税金は地方税で間接税であるが、非常に徴収しにくいものであっ

全国業者従業員大会（『アサヒグラフ』）

たらしい。実態は曖昧なものであった。領収証にしても自治体によって規則がバラバラであった。そのため自治庁（当時）は義務化したのである。

今回の反対運動は、その領収証―公給領収書と呼ばれるものに集約された。確かに遊興飲食税をいただきました、という数字を記入して客に渡し、店も写しを保管しなければならない。一見何の問題もないようにみえる。

ところが業者の方は困るのが実情であった。もし客が税金分だけ払わないとすると、その分は店が一旦立て替えなければならない。間接税であるから納税者は店なのである。本来客が払うべき税金を、泣く泣く店が立て替えてきた例はこれまでも多かった。今回新しく公給領収証を出す場合も、客がいつも税金を負担してくれるとは限らない。その場合でも領収証として客に渡さなければならなかった。一度客が領収証を手にすれば、たとえ実際には税金分がオミットされていても一種の証明になる。あとから払ってくださいと請求しても、領収証があるじゃあないかとシラをきられる。しつこく迫れば客は逃げていくことになる。

つまり慣習として曖昧さが存在する業界なのである。業者側は自らの経営維持のために領収書は出したくないというのが本当であった。この問題は平成初めの一般消費税導入まで尾を引くことになる。

キャバレーの流行と「ホステス」

これより前の昭和二十六年九月、日本はサンフランシスコ講和条約に調印し独立を果たした。条約が実際に発効したのは翌年四月のことであり、昭和二十七年から日本は国際社会に復帰したといえるであろう。

この年、独立を祝うかのように一通の招請状が日本に届いた。オリンピックである。第十五回ヘルシンキオリンピックの開催であった。日本としては前々回のベルリン大会以来、実に十六年ぶりの参加であった。

オリンピックで日の丸を掲げることは、日本の存在を強く訴えかける便利な方法である。日本のメダル獲得は金銀銅合わせて九個であった。メダルがいくつであれ、オリンピックに参加したということで国際社会の一員になれた。国民はマスコミを通して国際運動会に熱狂しながら、日本の地位向上を体感した。この年の暮れ、日本航空は初の国際飛行（東京―マニラ）を行った。

国際化が夜の世界に及んだかのように、翌二十八年の十二月に、最高級クラブと大々的に宣伝して銀座六丁目に「クラウン」が開業した。

クラウンで働く女性の衣装は豪華であった。全員がイブニングドレスで接待した。いうなれば二十年前の錦紗の袂である。イブニングドレスとなれば女給という名前は似つかわしくない。彼女らはホステスの名で登場した。客はさながら美女に囲まれた高級パーティーを満喫した。

二年後、クラウンに対抗して七丁目並木通りに「モンテカルロ」が開店した。こちらもホステスだったのかは定かではない。この二店は銀座を代表する高級キャバレーであった。

さらに赤坂に現れたのが、国際社交場とも云われたナイトクラブ「ニューラテンクウォーター」である。

一体ホステスという洒落た言葉をどこから見つけ出したのか。推定でしかないが、日本を七年にわたって占領していたアメリカからの輸入と考えるのが妥当のようだ。昭和二十八年七月の『週刊読売』には、ホステスの文字が表れる記事が出ている。それは、仙台の米軍基地に接待役として派遣されていた女性たちの呼び名である。記事のなかでは、ホステスのことを「客をもてなす女主人」と説明している。まだ耳新しい言葉だったのであろう。

カフェー改め社交喫茶は、いわば戦争前から続く伝統的風俗店だと云ってよい。これに対し戦争後は、新しい日本を象徴するかのような賑やかな風俗店が増えてきた。キャバレーである。

風営法によるキャバレーの定義は、「飲食接待の設備を併置して客にダンスをさせるもの」である。これではダンスホールと一緒ではないかと思われるが、ダンスホールには飲食接待の設備はない。筆者は昭和六十年前後に、知り合いの女性二人と東宝ダンスホールへ行ったことがある。軽い飲み物とスナック程度はＯＫだった。しかし男女のプロダンサーは、客のリーダーなりパートナーとなるのみである（社交ダンスでは男性をリーダー、女性をパートナーという）。

キャバレーには歌って踊って酒を飲むという、いかにも戦争中の束縛から解放された気分が横溢していた。キャバレーは明るい。溌剌とした空気がある。ジルバ、マンボといったアメリカ産の軽快なダンスを女給も客も踊った。そんなキャバレーを一つ挙げれば「ショウボート」である。

銀座八丁目の土橋際に、一際人目を引く五階建ての酒場ができたのは昭和二十四年であった。建物の形が客船風であり、夜になると色とりどりの〝ＳＨＯＷＢＯＡＴ〟のネオンサインが壁面を飾った。土橋は汐留川に架かる橋だが、すぐ横は外濠川であり、二つの川面に文字が反映した。

巧みな宣伝効果を狙ったものであり、経営者は戦前派の小林清という男である。小林は昭和七年に「新橋処女林」を開いて業界に入った。この店は軍艦の形をしており、大砲を真似た突起物が新橋駅に向いていたという。彼は艦船愛好家なのか、ショウボートという名前も、アメリカのミシシッピー川を航行する船からヒントを得たものであった。このキャバレーについては、銀座のタウン誌である『銀座百点』に回想記が載せられている。

社長の小林はキャプテン、専務はチーフ、店の幹部は名前の下にオフィサーをつけた。おそらく支配人がチーフ、マネ

キャバレー「ショウボート」(『婦人生活』)

ージャーがオフィサーなのであろう。一人の客が入ると入口にいる女性が銅鑼を鳴らす。客が二人なら二回、三人なら三回である。

ショウボートではマリンガールという名で、全員、ミス横浜、ミス神戸というように港名をつけている。ミスナイル、ミスカサブランカ、ミスジャワといった外国の地名まで現れる。ショウボートは自前で、つまりスタッフが歌手、踊り手となってショーを披露した。小林清は自身が目立ちたがり屋だったため、各劇場でさまざまなショーを観て、素人ながら台本を作った。上智大学の学生だった長男にタップダンスを習わせ、ハンサムなオフィサーとともに社長を先頭にして舞台に出た。曲は「聖者の行進」のようなアメリカものが多く、ガールの音頭取りで玄人はだしの歌と踊りを見せた。

ショウボートは会計も明朗であった。チケット制を採り入れたため、ワンチケットで飲食量、値段がはっきりしていたのである。そのため安心して大勢の客が押し寄せた。

さびれゆくカフェー

少々固い話になるが、風営法の動きについて一瞥しておこう。最初の風営法（昭和二十三年）では、業種は料亭、待合、カフェー、料理店、キャバレーが中心であった。麻雀屋やパチンコ店も含まれている。昭和三十四年に法律の改正があり、新しく登場したのがナイトクラブとバーである。この時までバーが風営法になかったのがおかしいが、本来バーとは専ら洋酒を飲む処であって、接待を伴うところではなかったのだろう。改正風営法でも、バーは飲食を提供する場所であり接待はないことになっている。

ナイトクラブとは、客に飲食をさせダンスを踊るところである。キャバレーと同じではないかと思われるが、〝接待〟という文字はない。だから女給はいないのである。もちろんラウンドガールというお運びさんはいたに違いない。でも客席に座る女給はおらず、客は酒を飲みショーを楽しむ。ではダンスの相手は誰なんだということになるが、同伴の女性なのであろう。恋人同士、友人同士、夫婦である。またカフェーやキャバレーで遊んで、次はナイトクラブだという時に女給を同伴することが多々ある。彼女たちはプロの接待員だがナイトクラブへ入ればお客様である。女給が客席に座っていてもフロアーで踊っていても、お客様なのだから何ら問題はないのである。

昭和二十九年六月末現在の、東京都内（多摩地区を除く）のキャバレー数は一六〇軒である。これに対しカフェーは二一九九軒と圧倒的に多い（数字は『社交タイムス』から）。依然カフェーは盛んではないかと思われる。しかしカフェーという名称で営業をしているのではなく、サロンやクラブという名の社交喫茶であった（喫茶店を含めている可能性もある）。派手なのはキャバレーなのである。

改正風俗営業法は、こうした業界の推移というものを反映しているようにみえる。風俗営業店の第一号はキャバレーになった。昭和二十三年の制定時は、まず一号はカフェーであった。地位がこの十年で逆転したのである。店舗数でみるとはるかにカフェー（社交喫茶）の方が多い。しかし人気や売り上げは確実にキャバレーの方に移っていた。

ここに挙げた地図は、昭和三十五年の新宿繁華街である。店の名前がたくさん並んでいるが、多いのはバーである。サロンという店が二軒あり社交喫茶とみられるが、社交喫茶店からは客が退いていったようである。

では社交喫茶店は人気のキャバレーにすればよいと思われる。しかしキャバレーにしようとすると、広い面積となり資本がかかる。そこで酒を求める男のために、手堅いバーに転向したのだと筆者は考える。バーであればバーテン、あるいはマダム一人でもできるからである。

ホステスいろいろ

時代が変わるということは新しい言葉もでてくるということだ。ことに一般女性の衣装が着物から洋装にかわり、草履からハイヒールへと転換するなかで、ホステスという言葉が社会にも飛びかうようになった。ある本から職業女性の声を抜き出してみる。

「憧れのホステスになって、生まれてはじめて〝空〟の中に自分の存在を発見したとき、私はその感動を押さえることができませんでした」

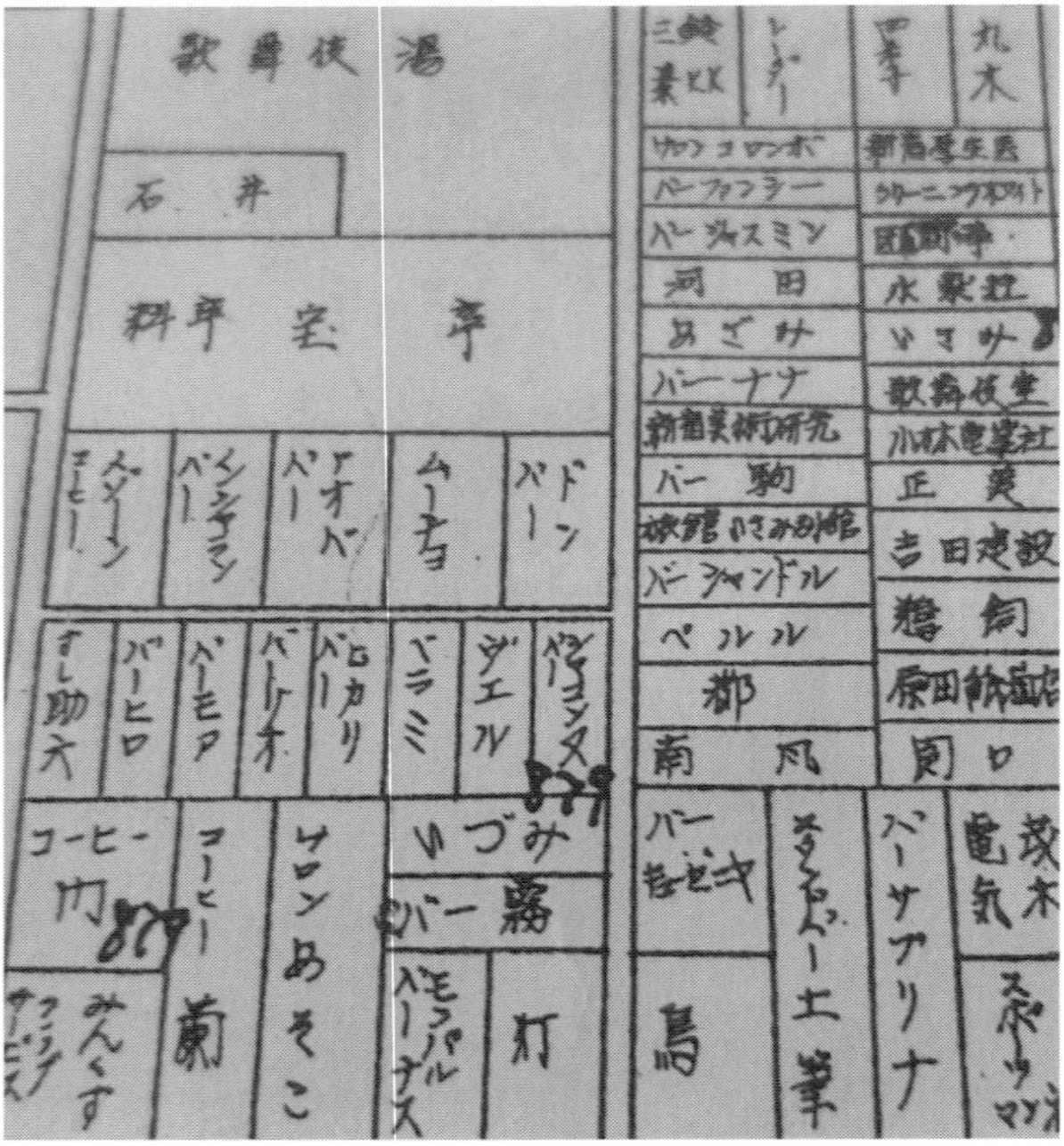

新宿歌舞伎町の地図（『東京都全住宅案内図帳』）

「ホステスという職業は、とにかく卑屈になっても駄目であり、自信過剰になってもいけないと思います」

この文を読めば、誰もがバーやキャバレーの話と思うであろう。空とあるのが少々頭をひねるが、これはそれまでと違う別世界の職場だと理解すればよい。ところが空はクウではなく、そのまま素直にソラと読んでよかったのである。この本の題名は、『スチュワーデス入門―エアーホステス』である。

内容は日本航空の客室女性乗務員を扱ったもので、ホステスというのはスチュワーデスのことを指す。スチュワーデスというのは日本航空が発足した昭和二十六年以来の呼称であったが、昭和三十年代にはホステスに変わっていた。これはヨーロッパの航空会社が使用していたもので、日航がヨーロッパに進出した時に改めたという。意外であるが事実である。

地上勤務の女性はどうかと言えば、これまたエアーポートホステスである。雑誌『サングラフ』では、〃責任重い空のホステス〃という表題でホステスの訓練風景を載せている。ただしヨーロッパ線以外ではスチュワーデスが用いられている。客室乗務員は乗客への飲食物給仕が重要な仕事であるから、もてなしという意味でのホステスと言っておかしくないのである。

主婦もホステスとなる時代がきた。一家を支えるわけだからホステスだが、夜の店に人妻が大挙押しかけたわけではない。宴会ホステスというアルバイトである。ホテルでのパーティーの際、給仕サービスをする仕事である。

東京バンケットという会社が派遣する女性たちであるが、登録すると一回二時間の仕事となる。東京バンケットの創立は昭和三十八年であるが、この頃から東京では大型ホテルが建ち始め、企業の集まりや催しものが盛んに開かれるようになった。そうなると飲食のお世話役が必要となり、最初は芸者なり銀座の女給たちを使っていた。しかし夜のプロであるために、招待者と一緒に飲食したり夜の誘いをかけたりして、公の行事には似つかわしくなかったのである。

そこで招待客とは一線を画し、給仕役に専念する女性が必要となったわけである。それが宴会ホステスという役目であり主婦のアルバイトにもなったのである。以前のアルサロではなく、宴会アルバイトである。ただし接待はない。このようにホステスいろいろである。

「女給」よ、さようなら

「豆女給」という言葉が新聞を賑わしたことがある。中学を卒業して家出した少女十人が、ダム工事現場の酒場で働いていたという出来事であった（昭和三十五年『産経新聞』）。無論その背後には人身売買団がおり、少女らに売春をも強要していた。未成年であるため豆女給というわけである。

また東京の盛り場では、十四歳から十五歳の中学生女子がバーや料理屋で働く例が多くなったと『週刊サンケイ』で報じられた。昭和三十五年から三十六年にかけてであり、三十七年二月二十七日の『朝日新聞』は、〝生徒女給をなくせ〟という記事を載せた。

「警察庁は最近、飲食店のハンランと女給不足を反映して、中学生や高校生を女給にする〝生徒女給〟が全国各地で目立っているので、春の家出シーズンをひかえ来月十五日までに全国の警察本部から実態報告を求めることになった。

その結果、警察庁としては悪徳マダムの摘発や女子学生の補導に本腰を入るとともに学

校、家庭からも監視をきびしくしてもらいたいと要望する。（中略）
　生徒女給が目立ってきたのは、一人前の女給の求人難が大きな原因で、雇主たちは少女は給料が安くてすむ、客が珍しがるので客寄せになるなどに目をつけているという」

記事は、女給不足、女給の求人難とさりげなく書いているが、これについて注意すべきかもしれない。世は昭和三十年代の半ばである。高度成長時代目前であり、キャバレーの発展期でもあった。それなのに求人難とはどういうことなのか。

女給イコール特飲女給という連想が広まったことは前述した。こうした未成年者の事件は、女給という言葉の陰湿性を更に高めたものと言える。女給不足の大きな原因がここにあったのではないか。

言葉に罪はないが、もはや女給ではないという実感が業界にも広まった。昭和三十七年十月、東京観光社交事業連盟はマスコミ各社に要望書を送った。「女給という呼び名は人権無視と蔑視感を伴うため、今後は社交員乃至はホステスにされたい」という内容であった。銀座「ハリウッド」で一世を風靡したキャバレー太郎こと福富太郎は、自著で次のように回想している。

　「ホステスという言葉が使われるようになったのは東京オリンピックのときからである。当時、外国の政府高官などの相手をする女性はホステスと呼ばれていた。これはいいというので、社交係からホステスに呼び名が変わった。昭和四十年代の中ごろまで社交係といっていたところがあったが、いつの間にか全てホステスと呼ばれるようになった」（『昭和キャバレー秘史』）

女給道は凋落したか

では「ホステス」となって何かが変わったのか。十年前に唱えられた女給道はどうなったのか。銀座を愛し女給をよく知る作家井上友一郎は、昭和四十年に出た本のなかで次のように書いている。

「この頃のバアの実態はどうであるか。どこへ行っても兵隊の壮行会か、転勤サラリーマンの送別会みたいな飲み方をする奴が多い。女も女で最近ホステスなんて言われるようになってから益々サービスが悪くなって、しかも本当の意味の商売っ気もない。たまたま、こっちがいい気持ちで誰かを深夜レストランへでも誘うと、恥も外聞もなくぞろぞろと金魚のウンコみたいに五、六人以上もついて来て、行くとすぐフカヒレのスープなんかをガブガブ飲みくさって、横を向いてアクビなんかしているのだから話にならない。ほんとうに話にならないのだ。そんな女とは二度と酒など飲む気にならないのは当然だろう。大体この連中がホステスなどと言われてから眼に見えて〈女給道〉はすたれた」（「銀座の女給道は地におちた」）

『社交タイムス』の鏑木恵喜や井上友一郎からすれば、かっては女給道があったということだろう。節度を持った本当の女給がいたということだろう。昔はよかった、とよく言われるが、誰しも自分のいい思い出は神聖視するものである。確かに女給という名が消えるとともに、女給道なるものも凋落したと言えるであろう。だがこれは時代の流れであり、ホステスの時代には新しいホステス道だって育つはずなのである。

ＢＧとＯＬ

ノンフィクション作家の上坂冬子は、トヨタ自動車の女子事務員として十年間勤務した。上坂には昭和三十年代半ばに、『私のＢＧ論』、『ＢＧ学ノート』、『私はＢＧ』という著作がある。いずれも職場における女子のあり方をテーマとしている。それから十年後の昭和四十七年、上坂は同じテーマで一冊を世に出し、そのなかで次のように書いている。

「今思い出しても顔が赤くなる。その昔、私がＯＬとしてお勤めしていた時のことだ」

「私はＯＬ時代に何度こんな思いになったことだろう」

本の題名は『ＯＬ行動学入門』である。周知のようにＢＧとＯＬは同じことだが、十年の間に言い方が変わったことになる。

ＢＧ—ビジネスガールは、昭和三十年代を通して普通に使われた。サラリーガールとも言った。企業の事務部門に働く女子をいう。同じ働く女性でも工場勤務はどうか。ＦＧ—ファクトリーガールとでも呼ばれたかというと、そんな言葉はなかった。相変わらず女工さんである。この違いは学歴にあったのかもしれない。事務職は高卒であったのに対し、工場職は中卒であったと思われるのだ。ビジネスガールと云っても、実際の商売に携わっているわけではない。事務職ではあるが仕事は雑用であり、大抵が数年で退職する。中途半端な存在であるが女である故か、職場の花と言われた。ＢＧの方も嫁入り前の社会見学という意識が普通だった。

ではＯＬとは何か。この言葉の発端ははっきりしている。それは女性週刊誌からであった。雑誌『女性自身』が昭和三十九年の新春号から使い始めたのである。同誌はＢＧに代わる新語を読者から募集し、最も多かったのがオフィスレディ—ＯＬだった。

早速『東京新聞』が〝働く女性はＢＧかＯＬか〟という記事を載せた。記事では、ＯＬという言葉に対する新聞読者からの反応を載せているが、批判的な声がかなりある。

「ＢＧは、嫁入り前の腰かけ的な一人前の仕事もできない女性を強調している。ＯＬというのは事務所に於ける淑女であり、労働を必要としない女としての存在価値を最上のものとして与えられている呼称であり、労働につかれている私たちとはかけ離れた感覚である」

「ＯＬとはＢＧよりもっと後退したもので、ひやかしの感じがする」（三月二十六日『東京新聞』）

新語、新説、新商品などが必ずしも最初から受け売れられるわけではない一例である。それでも『週刊サンケイ』は三十九年の秋から、ＯＬ訪問というフォト記事を連載し始めた。第一回は安宅産業の吉沢雅子さん、第二回はソニーの笛木澄江さんという具合で、勤務中の写真とともに簡単なインタビュー付きであった。『週刊サンケイ』の企画はいわばヒマネタだが、ＯＬという用語を定着させる効果があった。

筆者はここで不思議な現象に思い至る。二つの言葉の新旧交代である。

女給はホステスに、ＢＧはＯＬに、なったのである。

補章　幻の女給

あるベタ記事

「独り暮らしの老女自殺

十七日午後六時ごろ、鎌倉市大町一－五－六、無職田村知子さん（七八）が、自宅六畳間で死んでいるのを、訪ねて来た知人が見つけ鎌倉署に届けた。調べでは、同日午前零時ごろ睡眠薬を飲んで自殺したものとわかった。知子さんは一人暮しで、部屋の机の上に二十万八千円入りの財布と、衣類が整理して置いてあった」（昭和四十九年一月十九日『神奈川新聞』）

『神奈川新聞』の湘南欄に載った記事であった。通常こうした一言で済むニュースを、新聞用語ではベタ記事と称している。ニュース価値としては低いわけだが、一片の見過ごされたもののなかに、大きな意味を持つものが往々にしてある。

この老女自殺は、筆者にとっては全国紙から探索を始めてやっとたどりついた貴重な記事なのである。実際、この女性と筆者が会ったわけではない。手紙のやりとりをしたわけでもない。そんなわけだから、先方様ではこちらをご存知ないが、わたしはよく知っているのだ。

田村知子とは一体誰なのか。

自由奔放に生きた女性田村智子

田村知子は本名を智子（としこ）という。明治二十八年四月一日に東京四谷に生れた。父は田村怡与造（いよぞう）という陸軍軍人であった。明治陸軍にあって、田村怡与造の名を逸するわけにはいかない。今信玄と呼ばれ、山県有朋や大山巌の下にいて陸軍を実質的に近代化したのが田村であった。不幸にも日露戦争直前に病死したため、一般には口の端に上ることは少ない。その名を少しでも広めようと、筆者はかつて、『知謀の人　田村怡与造』（光人社、平成九年）を書いた。この時、田村には智子という末娘がいることを知ったのである。

智子に関心を持った所以（ゆえん）は、明治生まれの女としては自由奔放であったからである。いや今の時代に生まれたとしても、自由奔放はそのまま当てはまる。筆者の書は軍人伝であったため、智子については「一時女優にもなり、才気煥発をもって知られた」と、一言触れたに止まった。

ここで改めて田村智子をスケッチしてみたい。智子は女子学習院に入ったが、校風が合わなかったのか、途中で跡見女学校に移り卒業した。この点、自分の意志を持つ女であったと言える。成人するにつれて、父から受け継いだであろうその意志が明確になってゆく。

跡見卒業後舞い込んだ縁談の相手が本間雅晴であった。この経緯は、角田房子の『いっさい夢にござ候　本間雅晴中将伝』に詳しい。また近藤富枝の『移り行く姿』にも、近藤自身が実際に接した智子の姿が描かれている。陸軍の若手エリートである本間とは、大正二年秋に結婚し、翌年には長男が生れた。普通なら幸福な家庭と映ろうが、智子は子育てや家事には関心がなかった。自分の生き方がしたい女であった。時代はそんな彼女を歓迎するような大正の世となっていた。

大正六年、智子は二児の母となっていた。時は第一次世界大戦の真最中であり、欧州の主戦場に兵を送らなかった日本は専ら輸出で好景気に湧いていた。しかし智子の心はますます家庭とは遠ざかっていく。ちょうど夫の雅晴がイギリス駐在となったのを幸い、稽古事に精を出し始めた。有島生馬に油絵を習う。生馬に対しては白鳩銀子と名乗っていた。清元梅吉に入門して清元節を稽古した。ここでは百合子と名乗った。梅吉の稽古に通う傍ら、帝国劇場で知り合ったのが永井荷風であった。荷風の有名な日記『断腸亭日乗』の、大正九年九月二十六日にはこうある。

「清元会の帰途梅吉夫婦田村女史と築地の野田屋に飲む。此夜中秋なれど月無し」

文中にある田村女史が智子である。荷風の日記に従えば、翌年の秋から二人の仲は親密になる。大正十年九月十一日の日記。

「午後百合子訪ひ来りしかば、相携へて風月堂に往き晩餐をなし、掘割づたひに明石町の海岸を歩む」

風月堂は荷風がよく利用するレストランで、この日は女の方から麻布の荷風邸（偏奇館）を訪ねたのであった。更に十月十八日には、注目すべき記述が見られる。

「百合子と日比谷公園を歩み家に伴ひ帰る。百合子本名は智子と云ふ。洋画の制作には白鳩銀子の名を署す。一時銀座出雲町のナショナルといふカツフェーの女給となりゐたる事もあり」

知り合ってから一年以上経った頃に女給経験のことが書かれているのは、おそらくこの日に智子の口から出たものではないかと察せられる。この頃智子は自宅を離れて、横浜鶴見の華山荘という旅館に滞在していた。自由な生活であり、カフェー勤めをしたとしても不思議ではない。ではそのナショナルとはどんな店であったのか。

カフェー「ナショナル」は新橋芸妓お鯉の店

カフェー「ナショナル」は実在した。ここを訪問した女流作家がいる。長谷川時雨である。大正九年末のことであった。ここを探し出すまでに時雨は少々苦労したようである。まず尾張町の交番で聞いたが、知らないという。居合わせた交通巡査が出雲町だと教えてくれた。出雲町交番で聞くが、おおよそのところしかわからない。うろちょろしたあげく、カフェーの女給が明確に教えてくれたのであった。

そのカフェーは竹川町にあった。出雲町、日吉町、竹川町は隣接しており、ナショナルは今日の銀座七丁目である。

そのカフェーは、広い窓ガラスに絹のカーテンが垂れかけられてあった。冬日に照らされて光っているところへ、金文字で「カフェーナショナル」と刻まれていた。一階はいくつかのテーブル席で、二階は食堂と女給控室、それに事務室があった。時雨は店内の様子を『近代美人伝』に書いている。

「何處の珈琲店にもある焦茶の薄絹を張つた、細い煤竹の骨の、帳と對立とを折衷したものが、外の出入の目かくしになつて、四鉢ばかりの檜葉や槙の鉢植ゑが、あんまり勢ひよくはなく並べられてゐる。その後には白蝋石の小卓が幾個か配置されてゐる。その卓のとつつきの一つで、小柄な娘がナプキンを馴れた手附きでせつせと畳んでゐる。頸に湿布の包帯をして、着流しの伊達まきの上へ、緋の紋ちりめんの大きな帯上げだけをしょってゐる女は、掃き寄せを塵取りにとつたりして働いてゐた」

時雨は別にここで珈琲を飲むために入ったのではなかった。ナショナルの女主人、安藤照に会うためである。

安藤照は、かって照近江のお鯉と名乗って評判をとった新橋芸妓である。照は本名であり、近江とは花柳界に入った時の所属芸者屋の名前である。

お鯉をめぐって明治角界の人気力士が土俵の上で対戦し、目出度く勝った方が床を共にしたという。次いでお鯉の名を不朽にした艶種が起こった。総理大臣桂太郎の愛妾におさまったのである。明治の世、芸妓が貴顕紳士の囲われ者になるのは珍しいことではない。花柳界の名も知らぬ芸妓が、ひっそりと落籍された例は多くあったことだろう。お鯉が世に喧伝されたのは、芸妓としての質が一流だったためである。旦那の方も総理大臣でありともに有名人だったのである。

後に同名の芸妓が出て西園寺公望に愛された。それで最初を一世お鯉、次いで二世お鯉といわれた。そんなお鯉が現役引退後、大正九年夏に銀座の一角でカフェーを開いた。当然のように上客が押し寄せたはずである。

智子がナショナル勤めをしたというのは、荷風の日記が唯一の資料となっている。その記述も智子自身の口から聞いたとはなっておらず、伝聞調の感じが強い。だから確実とは言えない。しかし筆者は、新しい飲食店として現れつつあったカフェーに、仮想ではあるが彼女を立たせてみたい。

大正九年から十年にかけて、彼女は二十代半ばである。幻の女給となるが、意気揚々と振舞う智子を思い浮かべてしまうのだ。さまざまな朝野の名士と膝突き合わせる智子の姿を、眼前に見る思いがするのだ。

お鯉のナショナルは、主の華麗な経歴から智子の働き場所としてふさわしいものであった。智子の目には、齢四十のお鯉は光輝く存在であったに違いない。智子はインテリ人士たちと言葉を交わしながら、最新の知識を仕入れたと思われる。ナショナルは世間を知る学校であった。

社会風俗評論家として名を成した松崎天民は、ナショナルの様子を語っている。それによると、店主のネームバリューもあって相当に繁昌したようだ。女給は十四、五名置いており、上客のため か特別室もあったという。

「数奇を極めた女の一生、栄華を盡した女人の末路と言ふことが、お鯉さんを前にして、考へられたものだつた。折角、カフェーの女将になつても、『桂公の第二夫人だつた』といふ矜が、何かにつけてお鯉さんを幸福にしなかつた。自分では何も彼も、過去の一切を忘れた、たゞの女になつた積りで居ても世間の人がさうは見なかつた。興味、好奇心、反感、嫉妬さうした気持ちで、お鯉のナショナルを眺めた人も多かつた。『今に見て居ろ、男か何かをこしらえて、失敗するからね……』さう言つて、冷やかに見て居るやうな人もあった」（「現代カフェー大観」）

荷風日記による智子評は次のとおりである。大正十五年一月十二日の記述だ。なぜか百合子とは書いていない。多分、関係が終わったからであろう。

「白鳩銀子は今様の豊艶なる美人なりしかど、肩いかりて姿は肥大に過ぎたるを憾となせり」

大柄な近代女性だったようである。

女優伊藤智子の絶頂期

ナショナルに勤めたとしても、智子は長くはいなかったに違いない。高名な客との会話は有意義であったろうが、給仕や掃除などは家事労働と等しく嫌うところであった。

ナショナルの開店は大正九年の夏であったが、智子はナショナルに半年もいなかったのではなかろうか。彼女の新たな関心は演劇に向けられていた。大正十一年の十一月、千田是也らが始めたマリオネット劇の研究会に参加したのが始まりであった。この仲間に是也の兄で、舞台美術家の伊藤熹朔がおり、後に夫婦となる。

十四年九月には心座（こころざ）という小さな劇団が出来た。どういう経緯かは不明だが、智子はここに飛び込んだのである。心座は村山知義、舟橋聖一といった東京帝大の学生と、河原崎長十郎ら歌舞伎界の若手革新派が結成したものであった。おそらくその若い魅力に惹かれたのであろう。本間雅晴とはすでに離婚しており、二人の息子は義母が引き取った。彼女は全く自由の身であったわけである。

心座には、後に初代文化庁長官となる今日出海がいた。当時の思い出話。

「舟橋にすすめられるままに、わたしは『心座』へ入り、演出を舟橋と担当したが、最初の公演がルノルマンの『時は夢なり』（岸田國士）だった。役者は歌舞伎界の河原崎長十郎、市川団次郎（現寿美蔵で寿海の弟）で、女優はベテランの花柳はるみや伊藤智子だった」（『私の履歴書』）

この頃の智子を、女優沢村貞子が自著に残している。

「お堀端を、思い迷いながら私はとぼとぼと歩いた。そのとき、ふと向うから四、五人の男の人たちと声高い議論しながら、颯爽と歩いてくる女性に気がついた。新劇のスター伊藤智子さんだった。何かの雑誌で顔だけは知っていた。はなやかな美人だった。そのころめずらしい白い薄いショールを首に巻き、そのはしをポンと背中へはねた姿は、いかにもハイカラだった。和服の裾をさっさっとひるがえして歩く彼女にみとれて、私は思わず立ち止まった」（『貝のうた』）

智子は三十代の半ばで美しさの盛りだった。伊藤熹朔とはこの後新たに美術座という劇団を作り、演劇雑誌のカットを自ら担当している。美術座はまさに彼女のための劇団だった。「伊藤智子を演技者の中心に、舞台美術に重点を置いて伊藤熹朔の企画によって結成」（『現代演劇論体系』別巻）と紹介されている。昭和九年一月のことである。美術座のプリマドンナであった。滝沢修や小沢栄（後の小沢栄太郎）らと競演している。舞台女優としての絶頂期であった。

熹朔とは結局別れたが、智子はその後も仕事では伊藤姓を名乗った。昭和以後活躍の舞台は映画に移った。四十代半ばを迎えて堅実な傍役が多く、老け役までこなした。筆者の智子との邂逅はまさに映画にある。これまで智子出演の映画は八本観ている。なかには違う俳優がお目当てのものもあったが、数えてみるとこれだけあった。印象深いものを思い記してみよう。

①『妻よ薔薇のやうに』　成瀬巳喜男監督　昭和十年

人妻役であり、準主役である。主婦と書かず人妻としたのは、役柄が平凡な家庭の女ではないからだ。その人妻は歌人という職業を持つ。閨秀歌人という言葉があてはまろう。成人した娘が一人あり、家事は娘任せである。歌作に耽っている時は、娘が声をかけても、インスピレーションが湧いているから声をかけないで、と言う。夫は金鉱を求めて十年も家を開けたままだ。人妻はこの十年間孤閨を守っている。家庭を持つが、家庭人とはなれない女なのである。立ち居振る舞いも鷹揚である。それは役柄もあるのだろうが、智子本来の性格を表しているように見える。映画のなかでは歌の道だが、本来の智子も西洋画を習い、清元を稽古し、舞台女優となり、今は映画女優である。とても家庭婦人には収まりきれない女である。そんな奔放性の一端をこの映画で見せたといえる。この作品は映画女優としての初出演であったが、昭和十年の『キネマ旬報』第一位に輝いた。第八位にも成瀬の『噂の娘』が入り、智子はこれにも酒屋主人の愛人役として出演している。

②『むかしの歌』　石田民三監督　昭和十四年

石田民三という映画監督を知る人は、映画通であってもまれであろう。そんな人物を知ったのは、伊藤智子の引き合わせというしかない。映画には詳しくない筆者だが、石田民三は最も好きな監督であり、『むかしの歌』は三度も鑑賞した名品である。智子はこのなかで妾を演じた。主役は大阪の廻船問屋の娘だが、産みの母こそ彼女なのである。準主役と言ってよい。娘はそれを知らず大店に住み、母は裏店に住む。智子は、場末の家で内職をする母を表情豊かに演じている。あるきっかけから、母と娘が対面する。当然母の方は驚愕した顔になり娘は怪訝な顔になる。母の目にはうっすらと隈が浮び、何かを言おうとするが言葉は出ない。ここは名演である。全編を通じて智子の台詞は少ない。言葉よりも身体で訴える演技をしている。結末で、問屋は落ちぶれ娘は花柳界へ入ることになる。人力に乗る娘を母は暖かい目で送るのである。脚本は森本薫であった。

③『**芝居道**』　成瀬巳喜男監督　昭和十九年

長谷川一夫と山田五十鈴コンビの映画である。将来性ある役者（長谷川）と女義太夫（山田）の物語だが、さり気なく女義太夫の母親が顔を見せる。智子である。ほんの傍役であるが、こういう役どころが登場すると自然な感じになる。この映画では、登場場面は多くないが、そのつど台詞はある。どれもこれも他愛ないものばかりだが日常性を感じさせる。智子の演技は、画竜点睛を全くしているのである。この映画の時、彼女は五十路に差しかかっていた。

晩　年

戦争が終わるとラジオドラマに出て人気を博した。ＮＨＫのラジオドラマ「向う三軒両隣」で、山田のおばあちゃんという役であった。昭和二十五年八月号の『婦人倶楽部』には、対談記事のなかに五人の女性の一人として発言している。司会者から、男だったらどんな女を好きになるかと問われ、「私はなんといっても自分みたいな女性が好きになるわ」と胸を張って参加者を笑わせている。

そして、「男の仕事は大抵、女にでも出来ますでしょう。なんでもね。いくら考えても、男でなければできないって仕事はないですよ」と意気軒昂である。智子はこの時五十五歳のはずだ。

昭和三十年以降、彼女の姿は全く芸能界から消えた。鎌倉の大町で静かな一人暮らしであった。昭和四十二年のある日、智子は自殺を図ったとされている。これは十分あり得る話である。なぜならばこの年三月、かって楽しい時期を過ごした夫の伊藤熹朔が逝った。これで自分の一生は終わったと思ったのかもしれない。伊藤智子として後を追う覚悟だったのではなかろうか。その後の七年は抜け殻のようなものだった。

終章　パウリスタにて

銀座と新橋の境である土橋(どばし)は、かっては汐留川に架かっていた橋だったが、今は横断歩道である。その歩道を渡らず手前を右に行く。すると難波橋という標識にぶつかる。通称、女給橋である。難波橋を渡って多くの女給が銀座に通った。それで名がついた。

女給庵という蕎麦屋もあった。老舗の長寿庵のことである。店がハネた後、夜食に多くが寄った。かつての女給たちの姿を思い浮かべながら、難波橋（歩道）を渡ると銀座並木通りに入る。地名は銀座八丁目である。七丁目との区切りである花椿通りを右に曲がって地名看板を見ると、銀座八丁目六番と記してあった。この辺りは明治の頃は日吉町と呼ばれたはずだ。

そう、その二号地にプランタンはあったのだ。昭和四十三年までは、プランタンのあった場所に日吉亭という家があった。名前からして料理屋であろう。通りを進んで銀座通りに出た。

目指す店は向かい側にすぐ見つかった。カフェー・パウリスタである。

土曜日だから混んでいると思ったが、昼前だからだろうか割合にすいていた。二階は正午からというので一階の席に座った。店内は細長く四人掛けのテーブルが十卓ほど並んでいる。

パウリスタは創業当初は少年給仕を使っていた。今は女性だろうと想像していたが、伝統は守られていた。男性給仕が三名、女性も一名いて給仕はするが、この人は店長風の印象を受けた。彼女にパウリスタ・オールドを注文した。周りを見ると、ブラジル人らしき母子、数名の外国人、日本人女性一人など、皆静かにコーヒーを味わっているようである。品物が運ばれてきた。一口飲む。独特の味がする。コーヒー通ではない筆者にも、確かに異国の味だと実感できた。

女給橋から並木通りを望む

明治四十四年に開店した三つのカフェーのなかで、今も当時の名前で開いているのはパウリスタだけである。実に偉大なことだ。

パウリスタとはサンパウロを意味している。日本人移民の手によって栽培されたコーヒー豆が原料となっている。当時はカフェーと呼ばれていたが、ここは純粋にコーヒーを飲む喫茶店であった。長い歴史のなかで女給仕を置いた時期があったのか不明だが、接待はなかったようだ。カフェーでの接待とは、それがエロであれ人間的な接触であると言ってよい。いろいろ言

明治44年に開店したカフェー「パウリスタ」（パウリスタ所蔵）

葉を交わすことだって接触である。

当今はスターバックスに代表されるセルフサービス方式が増えたから、接触というものは消えた。触れ合いがなくなったのである（今のバーというところには近年足を踏み入れていないので知らない）。

女給は語らいの相手であった。何故男たちは女給のいるカフェーへ行ったのか。それは若い女と言葉を交わすためである。下心は誰でもあったに違いないが、戦争が終わるまでは男と女が話し合う場所というのは少なかったのだろう。カフェーの女給だって下心はあったであろう。お互い真意は隠しながらも、まずは異性同士の会話に浸ったのである。男女触れ合いの始まりである。

女給なんていやな言葉だと、女給小夜子は昭和の初期に叫んだ。これは広津和郎の小説のなかではあったが、仕方なく酌をしている心を表している。〝仕方なく〟である。しかし戦争を経て昭和三十年に、井上友一郎は『女給夕子の一生』のなかで戦後の新しい女給像を描写した。

それは、主人公の夕子は他に職業があるにも拘わらず銀座のバーに入ったということである。夕子は仕方なく銀座に飛び込んだわけではない。職業選択自由の一つとして女給を選んだのである。ここに重大な女性心理の変化が見て取れる。女給は、あるいはホステスは、仕方なくする職業ではなくなったのだ。堂々と宣言する秋となったのだ。

それとともに、昔はあったとされる女給の質が落ちたのかもしれない。仕方なくも、ひたむきさにあふれていた女は減り、男女平等を謳う新しい女給となった。だからどことなく客に対しても対等な態度を採った。それが接待の場でも表れた。せめておもてなしの時には、客を喜ばせる雰囲気をつくればよいのだが、男女同権意識が優先した。それを井上友一郎は女給道の堕落と嘆いたのである。

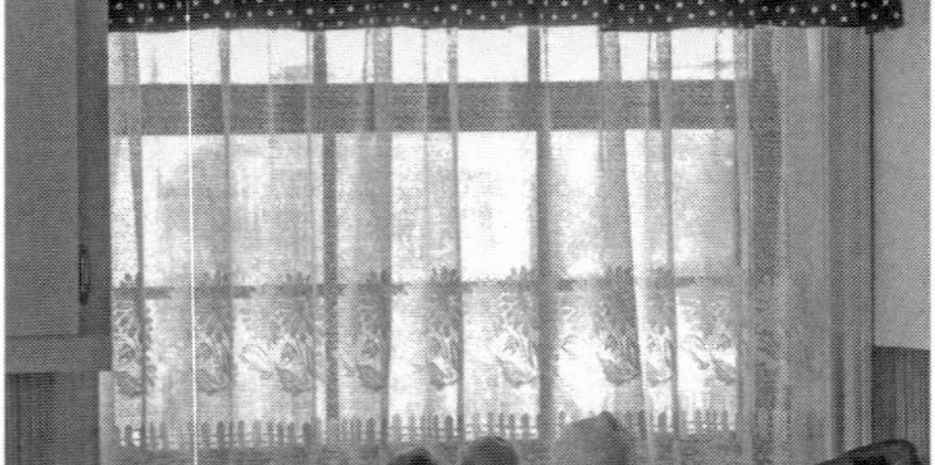

カフェーカーテン（㈱ベストカーテン）

そして女給は消えていった。平凡ながら時代の変化というしかないようだ。というふうに独断していたところで、パウリスタ・オールドの最後の一口が終わった。さて昔の遊客のように長居をするわけにもいかない。そろそろお昼近く、お客も増えてきたようだ。

カフェーカーテンというのがある。偶々、雑貨屋さんで見つけた。白色レースのカーテンだが、全体に草花だろうか刺繍を施してある。由来はフランスからしらしい。かつて、喫茶店だったかレストランだったかで見た記憶がある。とにかく掛かっていたのは食べもの屋だったと思う。どこかお洒落であり不思議な場所を感じさせるカーテンである。名前からして昔はカフェーに掛けられていたのであろう。

カフェーを、女給を想像できるのは、カフェーカーテンしか今はない。

おわりに

この本を書きながら写真資料を集めていた時のことである。掲載のためあるところに電話を入れた。
「女給の写真を使いたいんですが、いいですか」
「えっ、ジョ、ジョキュウですか」
担当者は女性だったが、筆者の言った言葉に戸惑った様子であった。〃そうか、女給なんてもうわからないんだな〃と心中感じたのである。ふと思いついて、この言葉がわかるかどうか周囲の人に尋ねてみた。
「おお、ホステスのことやろ」――七十五歳男性
「ああ、お手伝いさんですよね」――六十六歳男性
「全くわかんない」――五十五歳女性
お手伝いと答えた男性は女中と混同したのかも知れないが、当たらずとも遠からずであろう。三人の世代は十年間隔となっている。たまたま選んだ三人だったが、女給という職業に対する反応を示していて興味深い。わからないと答えた女性から類推すると、昭和四十年代初め頃に一つの区切りがあったと言える。第13章末尾で触れた、女給からホステスへの時期と一致している。
こう書いている筆者だって女給を知っているわけではない。テーマに選んだからいろいろ言

及しているが、昭和二十九年生れの筆者は、女中か女給かの曖昧世代に属するのである。女給に接したことがないのだから、文献を頼りに実態に迫らざるを得なかった。迫るといっても感覚的、想像する範囲のものに過ぎない。なんとなく浮かび上がってきたのは、人間の濃さであった。濃密さである。まず女給がいたカフェーという場所である。西洋風の建物が目立った時代に、カフェーは夢の国のような雰囲気であったと思われる。まず建物が濃いのである。そしてそこには女給という乙姫がいた。これにも濃さを感じたのである。

なぜこの題材を取り上げたかと真面目に問われると、実は困ってしまう。きっかけは最初に書いたけれど、特に学問的な関心があったわけではない。さりげなくというのが本当である。だが、そのさりげないものにも歴史があり移り変わりがある。我が師である社会学者の加藤秀俊先生は、身の回りのものから意外な意味を探り出す名人である。例えば、ネクタイ、ハチマキ、駅弁、パチンコといったものから社会的意味を探り出す。先生の視点は日常生活にあったといえよう。

本書は先生に倣って、かって街角のカフェーを盛り上げたウェイトレス──女給を描いたということになろうか。歴史は繰り返すというが、正確には、歴史は似たことの反復であると言うべきかもしれない。かつてのカフェーは消え去り、キャバレーもすっかり下火になった。でも近頃は新しい現象が現れているのに気づく。喫茶店のいくつかはカフェーという冠をつけるようになっている。喫茶店何やらでは味気ないのであろう。メイドカフェーという店だってある。つまりカフェー復活である。となると、新女給だってかいがいしく働いているかもしれない。はたして彼女らは、客の隣に座ってくれるのであろうか。

主要参照文献

第1章

『時事新報』明治四十四年三月二十二、二十三日
『東京朝日新聞』明治四十四年八月三十日
「プランタン今昔」『文藝春秋』昭和三年九月号
「カフェー・プランタン」多田蔵人編『荷風追想』岩波書店　令和二年
『日本耽美派の誕生』野田宇太郎著　河出書房　昭和二十六年
『明治事物起原8』石井研堂著　筑摩書房　平成十九年
『銀座』松崎天民著　銀ぶらガイド社　昭和二年
『女給生活の新研究　大阪市に於けるカフェー女給調査』大林宗嗣著　巌松堂書店　昭和七年
『カフヱー：歓楽の王宮』村島帰之著　文化生活研究会　昭和四年
『断腸亭雑藁』永井荷風著　籾山書店　大正七年
『芸者の手紙』熊谷為蝶編集　彩文館　大正元年
『東京下町の昭和史　明治大正昭和１００年の記録』毎日新聞社　昭和五十八年
『東京の風俗』木村荘八著　毎日新聞社　昭和二十四年
『岡山盛衰記』岡長平著　吉田書店　昭和十二年
『幻の「カフェー」時代　夜の京都のモダニズム』斎藤光著　淡交社　令和二年
『目で見る中讃・西讃の１００年』郷土出版社　平成十二年

第2章

『独立自営営業開始案内　第三編』石井研堂著　博文館　大正二年

『改訂増補　明治事物起原　下巻』石井研堂著　春陽堂　昭和十九年
「公私月報」三十七号　昭和八年十月
『近世日本文庫史』竹林熊彦著　大雅堂　昭和十八年
『直言』第三十一号　直行社　明治三十八年九月三日
『大国民』第三十一号　大国民社　明治四十四年二月
『実業の日本』二月号　実業之日本社　大正二年二月十五日
『田舎人の見たる東京の商業』相馬良編著　中庸堂　明治四十年
『東京の裏面』永沢信之助編著　金港堂書籍　明治四十二年
『随筆東京』奥野信太郎著　東和社　昭和二十六年
『わが町　銀座』池田弥三郎著　サンケイ出版　昭和五十三年
『浅草横丁』野一色幹夫著　潮流社　昭和五十六年
『講談研究』田邊南鶴著　渡辺美術印刷　昭和四十年
『神田区史』中村薫編　神田公論社　昭和二年

第3章

『至富成功　東京生活』大森春圃著　西村出版部　大正五年
『職業紹介公報』第二十九号　中央職業紹介事務局　大正十五年三月
『明治大正編　東京事件史』加太こうじ著　一声社　昭和五十五年
『都新聞』大正三年一月一日
『読売新聞』大正五年十月十一日
『活動写真雑誌』大正九年五月・八月　八展社
『日本映画一〇〇年史：そうだったのか！　あの時、あの映画　明治大正昭和編』西川昭孝著　ごま書房新社　平成二十八年

『浅草六区興行史』台東区立下町風俗資料館　昭和五十八年
『写真にみる昭和浅草傳』浅草の会編集発行　昭和五十六年
『無産階級の生活百態』深海豊二著　三田書房　大正八年
『鳥平漫畫　お目出度い群』吉岡鳥平著　弘学館書店　大正十年
『活動之世界』第一巻八月号　活動之世界社　大正五年八月
『山陽新報』大正二年九月六日
『神戸又新日報』大正三年三月九日
『婦人職業の実際』谷口政秀・小野磐彦著　桃源社　昭和六年
『職業婦人を志す人のために』川崎ナツ著　現人社　昭和七年

第4章

『読売新聞』大正十四年九月十一日
『女工哀史』細井和喜蔵著　改造社　大正十四年
『わたしの「女工哀史」』高井としを著　岩波書店　平成二十七年
『労働事情調査資料集2』青史社　平成八年
『日本之名勝』史伝編纂所発行　金港堂書籍　明治三十三年
『現代婦人職業案内』主婦之友社編　主婦之友社　大正十五年
『現代生活職業の研究』東京職業研究所編　大賜堂　大正十二年
「カフェー」『柯公全集　第一巻』柯公全集刊行会　大正十四年

第5章

『放浪記』林芙美子著　改造社　昭和五年　同十二年
『放浪記』林芙美子著　岩波書店　平成二十六年

『新宿の裏・旭町』有松英一『モダン都市文学Ⅶ　犯罪都市』平凡社　平成二年
『自伝・回想・日記』『平林たい子全集12』潮出版社　昭和五十四年
「人生無常」平林たい子『総特集　林芙美子　文藝別冊』河出書房新社　平成十六年
『砂漠の花』『平林たい子全集7』潮出版社　昭和五十二年
『私の東京地図』佐多稲子著　講談社　平成二十三年
「驢馬の人たちと」佐多稲子　『わが青春期』亀井勝一郎編　三笠書房　昭和三十年
「驢馬の人達」室生犀星　『文学界所報』昭和三十五年十二月号
『新日本文学』昭和五十四年十二月号　新日本文学界編
『文学界』昭和三十四年七月号　日本近代文学研究所
「表通り」佐多稲子『別冊文藝春秋』昭和二十三年四月号
『貧乏物語』河上肇著　岩波書店　昭和二十二年
『近代日本婦人文芸女流作家群像』生田花代著　行人社　昭和四年
『何が私をかうさせたか　金子ふみ子獄中手記』春秋社　昭和六年

第6章

『東京朝日新聞』大正十一年五月十三日
『日本労働年鑑　大正12年』大原社会問題研究所編　同人社書店　大正十二年
『日本社会主義運動史』改造社　昭和三年
『明治社会主義史料集（別冊）1世界婦人』明治文献資料刊行会　昭和三十六年
『高等警察法提要』阪井勲著　有斐閣書店　明治四十一年
『福田英子研究　三十五周年を記念して』名古屋女性史研究会発行　昭和三十七年
『新東京探見』時事新報社編　広文堂　大正十四年
『職業婦人調査　女給』中央職業紹介事務局編　大正十五年

『明治大正の文化』博文館　昭和二年
「『広島県女給同盟』に関する一考察」今中保子　『芸備地方史研究』昭和五十六年十月号

第7章

『女給・小夜子の巻』広津和郎著　中央公論社　昭和六年
『明暗近代色：ペンのジプシーとカメラのルンペン』東京朝日新聞社社会部編　昭和六年
『新版大東京案内』今和次郎編　中央公論社　昭和四年
「現代カフェー大観」　松崎天民　『騒人』騒人社　昭和二年十月号
『築地警察署史』築地警察署編集委員会編　昭和四十八年
『カフェー通』酒井真人著　三省堂　昭和四年
『岩見澤史　資料第二集』岩見沢市総務部企画出編　昭和四十六年
『銀座細見』安藤更生著　春陽堂　昭和六年
『日本人の暮らし』朝日新聞社会部編　修道社　昭和三十一年
『川端康成と伊藤初代　初恋の真実を追って』水原園博著　求龍堂　平成二十八年
『佐多稲子作品集　第1巻』筑摩書房　昭和三十四年
『アサヒグラフ』昭和六年四月二十一日号　朝日新聞社
『大東京写真帖』昭和五年

第8章

『現代史資料（5）国家主義運動（二）』みすず書房　昭和三十九年
『大衆文化史　日本人の性と生活』森秀人著　産報　昭和三十九年
『ベルリンのカフェ　黄金の一九二〇年代』ユルゲン・シェベラ著　和泉雅人・矢野久訳　大修館書店　平成十二年

『税』昭和四年八月号・昭和六年七月号　ぎょうせい編
「カフェーと女給」内務省作成　国立公文書館蔵

第9章

『近代　美しき粧ひ』メイ・ウシヤマ著　岡田文祥堂　昭和三年
『女子新職業読本』豊原又男著　日本放送出版協会　昭和十三年
『森永五十五年史』森永五十五年史編輯委員会　昭和二十九年
『現代女子職業読本』経済知識社編纂　経済知識社　昭和十年
『光を求めて—美容と共に三十五年』山野千枝子著　サロン・ド・ボーテ　昭和三十一年
『三越』昭和二年九月号
『人の噂』昭和五年十一月、同六年五月号　月旦社
『実業時代』昭和四年五月号　実業時代社
『民政』昭和六年一月号　民政社
『サボテンの花』加太こうじ著　廣済堂出版　平成五年

第10章

『歴史の虚実—世界外交秘話—』加瀬俊一著　要書房　昭和二十七年
『外交徒然草』加瀬俊一著　河出書房　昭和三十年
『婦人年鑑　昭和11年版』日本図書センター　昭和六十三年
『東京を愛したスパイたち　1907—1985』アレクサンドル・クラーノフ著　村野克明訳　藤原書店　平成二十九年
『日本の創業者—近現代起業家人名事典』紀伊國屋書店　平成二十二年
『愛のすべてを：人間ゾルゲ』石井花子著　鱒書房　昭和三十一年

「ゾルゲとの出会いと別離」石井花子　『文藝春秋』昭和四十二年六月特別号
『廓清』昭和十年七月号　廓清会本部
『実業の日本』昭和三十一年九月号　実業の日本社
『雄弁』昭和十年一月号　大日本雄弁会講談社
『特高警察秘録』小林五郎著　生活新社　昭和三十七年
『日本警察新聞』昭和八年四月十日　日本警察新聞社
『室戸台風調査報告書概要』理学博士藤原咲平述　中央気象台刊行　昭和十年
「断腸亭日乗二」『荷風全集第二十二巻』　岩波書店　平成五年

第11章

『東京朝日新聞』昭和十二年四月十七日、十三年七月十三日
『東京新聞』昭和十九年三月六日
『写真週報』昭和十五年九月十八日号　内閣情報局
「中国戦線に形成された日本人町：従軍慰安婦問題補論」倉橋正直『キリスト教社会問題研究』平成二十二年一月号
『国民精神総動員必携』国民精神研究会編　有精堂書店　昭和十二年
『国民精神総動員原義』三浦藤作編著　東洋図書株式合資会社　昭和十二年
『軍務局長武藤章回想録』上法快男編　芙蓉書房　昭和五十六年
『白山三業沿革史・白山創立五十周年記念』浪江洋二編集　雄山閣出版　昭和三十六年
『近代日本戦争史事典』古賀牧人著　光陽出版社　平成十八年
『聖戦記　屍を超えて』岩井至郎著　興亜書局　昭和十六年
『業界須知　昭和十五年版』全日本カフェー連盟事務局
『国防婦人会』藤井忠俊著　岩波書店　昭和六十年

『国家売春命令物語』小林大治郎・村瀬明共著　雄山閣出版　昭和四十六年
『世相・競馬』織田作之助著　講談社　平成十六年
『可能性の騎手　織田作之助』稲垣真美著　社会思想社　昭和四十八年

第12章

「売春等処罰法案に関する資料（一）」参議院法務委員会　昭和二十八年
『東京朝日新聞』昭和二十一年一月十五日
『社交タイムス』昭和二十三年七月一日、二十四年二月十五日、二十八年二月十五日、二十九年十月十日
『内外タイムス』昭和二十八年十一月二十七日
『主婦と生活』昭和二十八年十二月号　主婦と生活社
「社交喫茶オリエンタル」右遠俊郎著　『民主文学』平成十三年三月号
『欲望よ・こんばんは―東京やどかり族―』東智恵子著　あまとりあ社　昭和三十三年
『防犯部年鑑　昭和二十八年編』警視庁防犯部編
『百億円の売春市場』橋本嘉夫著　彩光新社　昭和三十三年
『外村繁全集　第五巻』講談社　昭和三十七年

第13章

『昭和三十一年　改正地方税制詳解』地方財務協会　昭和三十一年
『地方税制度資料　第八巻（昭和30―33年）』自治省
『銀座百点』第八二二号　銀座百店会　令和五年五月
『アサヒグラフ』昭和三十年九月二十一日号　朝日新聞社
『週刊読売』昭和二十八年七月二十六日号　読売新聞社

『自治研究31』臨時増刊　第一法規　昭和三十年九月
『サングラフ』昭和三十三年三月号　サン出版社
『月刊消費者』昭和四十二年五月号　日本消費者協会
『社交タイムス』昭和二十九年七月十五日
『東京新聞』昭和三十九年三月二十六日
『産経新聞』昭和三十五年十二月二日
『週刊サンケイ』昭和三十七年三月十九日号　昭和三十九年十一月三十日号　十二月十四日号　扶桑社
『朝日新聞』昭和三十七年二月二十七日
『女性自身』昭和三十八年十一月二十五日号
『スチュワーデス入門―エアーホステス』内田老鶴圃編著　内田老鶴圃　昭和三十八年
『ＯＬ行動学入門』上坂冬子著　主婦の友社　昭和四十七年
「銀座の女給道は地におちた」『女の有料道路―ホステス心得十ヵ条』梅田晴夫著　オリオン社　昭和四十年
『昭和キャバレー秘史』福富太郎著　文藝春秋　平成十六年
『東京都全住宅案内図帳』住宅協会　昭和三十五年

補章

『神奈川新聞』昭和四十九年一月十九日
『新劇』昭和四十二年六月号　白水社
『婦人倶楽部』昭和二十五年八月号　講談社
『移り行く姿』近藤冨枝著　彩樹社　平成五年
『近代美人伝』長谷川時雨著　サイレント社　昭和十一年
『貝のうた』沢村貞子著　暮しの手帖社　昭和五十三年

『私の履歴書　文化人4』日本経済新聞社編　昭和五十八年
「断腸亭日乗一」『荷風全集第二十一巻』岩波書店　平成五年
新聞記事は『新聞集成　明治大正昭和編年史』新聞資料出版も参照

著者

篠原 昌人（しのはら まさと）

1954年栃木県生、1976年学習院大学法学部卒。フジテレビジョン入社、コンプライアンス部長。現在、（公財）愛知県育英会評議員、（一社）日本伝統文化の会幹事。
主要著書は、『知謀の人　田村怡与造』（光人社）、『陸軍大将福島安正と情報戦略』（芙蓉書房出版）、『非凡なる凡人将軍　下村定』（芙蓉書房出版）、『愛知学生会館百四十年史』（愛知県育英会）。

女給の社会史（じょきゅうのしゃかいし）

2023年11月20日　第1刷発行

著 者
篠原 昌人（しのはら まさと）

発行所
㈱芙蓉書房出版
（代表 平澤公裕）
〒113-0033東京都文京区本郷3-3-13
TEL 03-3813-4466　FAX 03-3813-4615
http://www.fuyoshobo.co.jp

印刷・製本／モリモト印刷

ISBN978-4-8295-0870-1

【芙蓉書房出版の本】

非凡なる凡人将軍 下村 定
最後の陸軍大臣の葛藤

篠原昌人著　本体 2,000円

“帝国陸軍の骨を拾った”最後の陸相下村定(さだむ)の初めての評伝。陸大卒業から陸軍解体、巣鴨拘置所収監、そして交通事故死するまでの半生を描く。

エステラ･フィンチ評伝
日本陸海軍人伝道に捧げた生涯

海野涼子著　本体 2,400円

明治26年キリスト教伝道のために単身来日し、陸海軍人への伝道に生涯を捧げ日本に帰化したた女性宣教師がいた！黒田惟信牧師とともに横須賀に日本陸海軍人伝道義会を設立。エステラの日記「祈りの記録」など新しい資料を発掘し「軍人伝道」の全容を初めて明らかにする。

あの頃日本人は輝いていた
時代を変えた24人

池井 優著　本体 1,700円

日本人に夢を与え、勇気づけた24人のスーパースターたちの挫折と失敗、そして成功までのストーリーを数々のエピソードを交えて紹介。政界、財界、スポーツ、文学、映画、音楽など、ワクワク、ドキドキした感動と興奮の記憶がよみがえってくる。

「寅さん」と、旅と俳句と山頭火

井澤勇治著　本体 2,000円

「風天」の俳号を持つ渥美清。漂泊の俳人種田山頭火。四国霊場に惹かれた二人に思いを馳せながら、五年かけて八十八ヶ所を踏破したお遍路エッセイ。映画「男はつらいよ」のエピソード、風天俳句作品、山頭火「四国遍路日記」記事などを全編に挿入。